DB그룹

인적성검사

KB153797

PREFACE

우리나라 기업들은 1960년대 이후 현재까지 비약적인 발전을 이루었다. 이렇게 급속한 성장을 이룰 수 있었던 배경에는 우리나라 국민들의 근면성 및 도전정신이 있었다. 그러나 빠르게 변화하는 세계 경제의 환경에 적응하기 위해서는 근면성과 도전정신 이외에 또 다른 성장 요인이 필요하다.

한국기업들이 지속가능한 성장을 하기 위해서는 혁신적인 제품 및 서비스 개발, 선도 기술을 위한 R&D, 새로운 비즈니스 모델 개발, 효율적인 기업의 합병·인수, 신사업 진출 및 새로운 시장 개발 등 다양한 대안을 구축해 볼 수 있다. 하지만, 이러한 대안들 역시 훌륭한 인적자원을 바탕으로 할 때에 가능하다. 최근으로 올수록 기업체들은 자신의 기업에 적합한 인재를 선발하기 위해 기존의 학벌 위주의 채용을 탈피하고 기업 고유의 인·적성검사 제도를 도입하고 있는 추세이다.

DB그룹에서도 업무에 필요한 역량 및 책임감과 적응력 등을 구비한 인재를 선발하기 위하여 고유의 인·적성검사를 치르고 있다. 본서는 DB그룹 채용대비를 위한 필독서로 DB그룹의 인·적성검사의 출제경향을 철저히 분석하여 응시자들이 보다 쉽게 시험유형을 파악하고 효율적으로 대비할 수 있도록 구성하였다.

신념을 가지고 도전하는 사람은 반드시 그 꿈을 이룰 수 있습니다. 처음에 품은 신념과 열정이 취업 성공의 그 날까지 빛바래지 않도록 서원각이 수험생 여러분을 응원합니다.

STRUCTURE

적성검사

각 영역별 다양한 유형의 출제예상문제를 다수 수록하여 실전에 완벽하게 대비할 수 있습니다.

인성검사

인성검사의 이해와 인성검사 예시로 인성검사에 대비할 수 있습니다.

면접

면접의 기본과 면접기출을 수록하여 취업의 마무리까지 깔끔하게 책임집니다.

CONTENTS

PART

I

DB그룹 소개

01 기업소개

1 소개

DB는 1969년 1월 24일 자본금 2,500만원과 직원 2명으로 미륭건설(현 동부건설)을 설립하면서 출범하였다.

1970년대 초 선도적으로 중동 건설시장에 진출해 대대적인 성공을 거둠으로써 당시 오일쇼크로 위기에 처한 국가경제의 회복에 기여하였으며, 해외에서 거둔 외화수익금 전액을 철강, 소재, 농업, 물류, 금융 등 국가 기간산업에 투자하여 그룹 성장의 발판을 다졌다.

전략적이고 계획적인 사업복합화의 결과 DB는 1990년 20대그룹에 진입하였으며, 2000년도에는 10대그룹으로 발전했다.(2000년 공정거래위원회 발표) 대한민국 1세대 그룹들보다 30~40년 뒤늦게 출발한 후발기업의 불리함을 극복하고 이루어낸 성과였다.

DB는 끊임없이 새로운 목표에 도전하며 새로운 길을 만들어 왔다.

대부분의 계열사를 신규 면허를 취득하거나 신규 설립을 통해 발전시키고 하위품목에서 사업을 시작하여 상위품목으로 사업을 확장·발전시키는 성장 드라마를 만들어 냈다. 부실기업을 인수하여 대규모 투자와 경영합리화를 통해 우량기업으로 변화시켰다. 다른 대기업들이 관심을 기울이지 않던 합금철, 선재, 농약, 비료, 종자, 비메모리 반도체 파운드리, 첨단 유리온실, 친환경 전기로제철 사업을 개척했습니다. 경영시스템의 선진화를 위해 끊임없이 혁신을 추진했으며, 모범적인 지배구조와 자율·책임 경영체제 구축에 힘써 왔다.

이제 DB는 끊임없는 기업가정신과 혁신으로 새로운 미래를 향해 나아가고 있다. 최고의 글로벌 전문기업, 그 큰 꿈(Dream Big)을 향한 DB의 도전은 오늘도 계속된다.

2 비전

'An Excellent Global Company' → '우리가 하는 사업이 세계적이 되어 인류에 기여한다.'

3 미션

'DB는 기업가 정신과 혁신으로 DB가 참여하는 모든 사업에서 글로벌 전문기업이 되어 가장 높은 이익률과 성장률을 만들어내고 경영의 모든 면에서 지속적으로 최고의 경쟁력을 갖춘 기업이 된다.'

4 3대 이니셔티브

'글로벌화', '전문화', '고부가가치화'로서 비전과 미션을 달성하기 위한 전략방향·선제·정책을 포함하는 개념이다.

5 기반역량

고성과 창출을 위해 지속적으로 강화해 나가야 할 조직역량을 의미한다.

① 최고인재

사람은 경영에 있어 가장 우선적이고 핵심적인 요소이다. 경영은 사람의 생산성을 높이는 것이고 이는 사람과 제도에 의해 이루어지기 때문이다. 따라서 우수인재 및 후계자의 확보·양성과 적재적소 인사, 구성원들의 창의적·자율적 성과몰입을 위한 제도 및 조직운영과 철저한 윤리경영이 이루어지도록 지속적으로 점검·개선해 나가야 한다.

② 앞선 제도

업무처리 절차나 방법은 낡은 관행·관습 등에 얽매이지 않아야 한다. 앞선 제도는 새롭고 혁신적이며 선진화된 제도를 의미한다. 최고의 경영효율을 달성하고 경쟁사보다 앞서기 위해 제도적으로 앞서가는 것이 선행되어야 하며, 선진기업의 제도를 벤치마킹 하는 등 더 나은 제도를 위한 지속적인 노력이 필요하다.

③ 고객중심

고객에게 고객성공에 기여하는 가치를 제공할 때 곧 회사이익이 창출된다. 고객이 우리의 상품과 서비스를 구매해 줄 때 회사가 유지될 수 있기 때문이다. 따라서 고객의 니즈를 정확히 파악하고 최고의 질(質)과 최저 가격 등 차별적인 가치를 고객에게 제공할 수 있도록 마케팅 및 혁신을 강화하며, 고객중심의 프로세스와 시스템이 운영되도록 하여야 한다.

④ 기술중시

더 좋은 제품과 서비스를 제공하기 위해서는 고기술의 확보가 필수적이다. 제조업의 첨단기술 뿐만 아니라 건설·물류·금융·디자인·소프트웨어 등의 첨단기술의 확보도 중요하다. 이를 위해 기술을 중시하는 풍토를 조성하고, 신속한 선진기술의 도입, 대내외 전문화된 기술 인력의 활용 등을 통해 적극적인 기술 확보 노력을 강구하여야 한다.

DB인의 바람직한 행동규범을 의미하며 DB인의 마음가짐을 규정하는 '3정신'과 DB인의 행동을 규정하는 '3자세'로 구성되어 있다.

① 3정신

㉠ 질서 : 규범과 능률의 원리로 모든 구성원이 자기의 위치를 지키고 조직의 목표를 올바르게 이해하며, 자기의 역할을 알고 일의 절차와 순서에 따라 올바르게 행동하는 것이다. 이것은 올바른 가치관의 확립과 실상 추구, 예절과 절제의 생활화, 철저한 합리주의 그리고 정도 경영을 의미한다.

㉡ 신뢰 : 신의와 성실의 원리로 대내적으로는 공정성과 인간존중을 바탕으로 한 회사와 구성원 상호간의 신의이며, 대외적으로는 좋은 상품과 서비스의 제공으로 고객과 사회로부터의 믿음이다. 이것은 주인의식과 공명정대한 정신, 고객과 사회에 대한 약속을 이행하는 정신, 언행일치의 실천력과 투철한 책임정신 그리고 자율성과 소신을 포함한다.

㉢ 사랑 : 이해와 포용의 원리로서 신뢰를 바탕으로 동료와 상사, 부하 간의 상호 이해와 믿음, 조직에 대한 강한 애착 즉, 조직결속의 힘을 말한다. 이것은 공동체 의식을 갖고 인화단결을 이루며, 진지하게 참여하고 대화하며, 역지사지(易地思之), 곧 상대방의 입장에서 생각하고 변화를 창조적으로 수용하는 것을 의미한다.

② 3자세

㉠ 고객가치 우선 : 고객가치 우선이란 기업가 정신을 바탕으로 모든 판단과 의사결정 및 업무수행에서 고객가치에 우선을 둠으로써 회사이익을 극대화하고자 하는 자세이며 기업경영의 기본에 해당된다. 이를 실천하기 위해서는 고객이익이 곧 회사이익이 된다는 생각과 모든 직책은 고객가치를 창출하는 업무를 위한 것이며 회사 관계자도 고객이라는 생각이 수용되어야 한다.

㉡ 탐구하는 자세 : 탐구하는 자세는 지식정보사회에 필요한 개인의 전문성과 경쟁력을 갖추고 조직의 변화와 혁신역량을 강화함으로써 지속적으로 고성과를 창출하고자 하는 자세로 곧 환경대응과 변화주도의 원동력이 된다. 이를 실천하기 위해서는 미래의 기업세계에서 승자가 되겠다는 개척능력의 확보 의지, 과거 실적에 대한 만족과 현실에 안주하려는 나태에서 탈피하려는 의지 그리고 전문성과 완벽성을 추구하는 프로페셔널리즘에 대한 집념이 있어야 한다.

㉢ 솔선수범 자기관리 : 솔선수범 자기관리란 철저한 자기관리와 주도적인 업무추진으로 항상 주위 사람들로부터 신뢰받는 모범적인 자세로서, 자기관리를 철저히 하는 사람이 다른 사람을 잘 이끌 수 있으므로 이는 곧 조직 발전과 리더십의 근본이 된다. 이를 실천

하기 위해서는 일에 대한 열정을 갖고 빈틈없이 업무를 처리, 스스로 일을 찾아서 노력하고 장애를 극복하며 상대방의 의견을 존중하고 배려함으로써 자기 자신에 대한 관리를 철저히 해야 한다.

7 주요 사업 내용

① 보험

DB손해보험은 매출 12조, 총 자산 34조로 국내 손해보험업계를 대표하는 초우량 회사이다. DB손해보험은 손해보험업계 이익률 1위, 보험영업효율 업계 1위의 위상을 바탕으로 고객과 함께 행복한 사회를 추구하는 글로벌 보험금융그룹으로 거듭나고 있다. DB생명은 1989년 출범하여 생명보험업계에서 최고의 성장률을 통해 총자산 10조를 달성하였으며, 고객 중심 경영을 지속적으로 실천하여 소비자의 합리적인 선택을 돕는 착한 기업으로 자리매김하고 있다.

② 증권 · 은행

DB금융투자는 주식 · 채권 · 파생상품 · 자산관리 등 다양한 분야의 전문역량을 보유한 종합금융투자회사로서, '고객 중심의 경영효율 최고 금융투자회사'로 성장하고 있다. DB자산운용은 고객들의 소중한 자산을 안정적이고 투명하게 운영하고 있는 종합자산운용회사로 '국내 최고의 장기투자명가'를 지향하고 있다. DB저축은행은 1972년 설립 이래 저축은행 1세대로 유일하게 지속적으로 성장 · 발전하고 있는 대형저축은행이며 독일 · 스웨덴 · 태국 등 유럽과 아시아의 여러 저축은행과 협력관계를 구축, 세계 최고의 서민금융기관으로 성장하고 있다. DB캐피탈은 국내 여신전문 금융의 선두주자이다.

③ 제조

DB하이텍은 세계 최고의 아날로그 반도체 기술력을 보유한 글로벌 특화파운드리 기업이며, DB메탈은 세계 최고의 합금철 사업을 기반으로 하는 종합재료회사로서 합금철 국내 1위, 정련 합금철분야에서 세계 2위의 위상을 확보, 글로벌 종합재료회사로 나아가고 있다.

④ 서비스

DB Inc.는 국내 최고 수준의 전문 인력을 보유한 종합 IT서비스 전문기업이며, DB FIS는 금융사의 IT시스템 운영사업을 담당하고 있는 금융IT 전문기업이다. DB월드는 레인보우힐스 CC를 운영하고 있는 종합 레져전문기업이다.

02 채용정보

1 인재상

창의와 도전정신으로 미션을 달성하고 미래를 개척하는 글로벌 경쟁력을 갖춘 인재

① **창의 · 도전**(창의성, 도전정신, 변화주도)
과거 관행에 얽매이지 않고 '창의와 도전정신'으로 변화와 미래를 선도해 가는 사람

② **전문성**(전문지식, 프로의식, 학습능력)
세계 최고를 향해 진취적인 자세로 자신의 역량을 키우는 '전문성'을 갖춘 사람

③ **글로벌 역량**(비즈니스 마인드, 외국어 능력, 정보화 능력)
글로벌 경쟁 속에서 기업을 이끌 수 있는 '글로벌 역량'을 갖춘 사람

④ **신뢰 · 화합**(인간미 도덕성, 자율과 책임, 솔선수범)
공동의 목적달성을 위해 타인과 '신뢰를 형성하고 화합'할 수 있는 사람

2 인사정책

① 능력주의 · 적재적소 · 신상필벌의 인사원칙에 의한 인사를 시행하고 있다.

　㉠ **능력주의 인사** : 직원의 채용 · 승진 · 승격 · 전배 · 급여 등에서 혈연 · 지연 · 학연 등에 의하지 않고 본인의 역량이나 성과를 기준으로 엄격하고 공정하게 처리됨을 의미한다.

　㉡ **적재적소** : 필요한 인재를 필요한 곳에 제대로 배치하여 신바람나게 일하고 조직의 효율성이 극대화되도록 하는 데 그 목적이 있다.

　㉢ **신상필벌** : 뚜렷한 공로나 성과를 낸 구성원에게 상을 주어 더욱 정진하도록 칭찬과 격려를 해주면서 자신감을 갖도록 하는 반면에, 개인의 사리사욕을 위해서 잘못을 저지른 사원에 대하여는 일벌백계로 다스려 경계하는 것을 말한다. 상은 크게, 벌은 작게 시행하려는 것이 기본철학이다.

② 합리적인 평가와 보상을 시행하고 있다.

평가는 조직의 성과향상에 필요한 기본자질 및 능력을 평가하는 '역량평가'와 목표에 대한 개인이나 집단의 계량적 전략적 달성도/개선도를 평가하는 '성과평가', 그리고 특별한 자격 학위 전문성 및 부여된 직책을 평가하는 '역량가급평가'로 구분하여 시행하고 있으며, '보상' 은 인사의 기본원칙에 입각하여 능력과 성과에 상응하게 처우함으로써 열심히 일하고 성과 가 우수한 직원이 우대받을 수 있는 제도적 장치를 마련하고 있다.

③ 현업주도형 인사를 지향하고 있다.

채용에서 퇴직까지의 모든 인사 관리의 주체인 현장 관리자를 중심으로 이루어지는 '현장 중심의 인사'를 실행하고 있다. 일선 부서장에게 평가/보상권한 확대 및 시상/처벌 재량권 등 인사권을 위양함으로써, 현업을 주도하는 부서장의 책임의식과 솔선수범의 자세를 고취 하는 한편, 조직의 분권화를 촉진하여 유연한 조직 및 팀플레이를 유도하고 우수한 인재육 성 풍토를 조성하고 있다.

3 양성체계

① 기초능력 개발단계(Nomal Track)

담당분야 또는 관심분야에 필요한 폭넓은 기초 실무능력을 습득토록하고, 적성평가 · 자기 신고 및 상사와의 면담을 통해 관리직 또는 전문직으로 성장 진로를 결정하게 한다.

② 전문능력 개발/심화단계

관리자와 전문가의 업무특성을 감안한 경력개발 경로모델을 수립하여, 인재를 양성해 나아간다.

　㉠ 경영우수인력(관리자) 양성경로(T자형 코스) : 조직관리 · 사람관리를 비롯하여 다방면의 전문 관리자가 되도록 하기 위해, 특정분야에 대한 주특기를 먼저 습득하게 한 다음, 점차 좌우로 경험의 폭을 넓혀가는 수평이동을 실시하여 일전다능(一專多能)형의 관리 자를 양성한다.

　㉡ 전문우수인력(전문가) 양성경로(V자형 코스) : 특정분야의 전문가로 육성하기 위해, 자신 의 전문분야 뿐 아니라 관련 인접 분야를 경험하게 한 후 차츰 전문성의 깊이를 더해 가도록 함으로써 특수 전문가를 양성해 간다.

③ 우수인력 속성양성체계(Fast Track)

동부는 회사의 핵심역량을 강화하기 위해 전략적으로 확보 · 양성하는 우수인력에 대해서는 사업을 독자적으로 수행할 수 있는 역할 단계인 임원급에 이르기까지 기본양성 체계와는 다른 속성양성 체계를 적용하고 있다.

4 채용 시기

대졸신입사원 채용은 매년 상·하반기로 구분하여 상반기는 4월~5월, 하반기는 10월~11월에 정기적으로 공개모집·채용을 진행하며, 채용의 기본일정 및 모집 공고는 그룹 공동으로, 입사지원서 접수에서부터 합격자 선발은 관계사별로 진행한다.

5 주요 모집학과

① 인문사회계열 … 상경계, 법정계, 어문계, 인문사회계열 전학과

② 이공계열 … 전자공학, 전기공학, 물리학, 화학공학, 화학, 환경안전, 재료공학, 산업공학, 컴퓨터공학, 정보통신, 수학, 통계학 등

6 채용일정 및 세부계획

구분	상반기	하반기
모집공고	4월 초순	9월 초순
지원서 접수	4월 초순~4월 중순	9월 초순~10월 중순
인적성검사 및 면접전형	5월 초순~6월 초순	10월 중순~12월 초순
합격통지	6월 중순	12월 중순

7 선발기준

신입사원 채용은 현재의 전문능력보다는 기본 자질 및 역량 등 기초능력에 주안점을 두어 평가하며, 이는 입사 후 양성을 전제로 성장가능성에 더 비중을 두어 평가함을 의미한다.

선발기준은 동부의 인재상과 각 사의 직무 특성을 반영하여 공정하고 엄격하게 시행하고 있으며, 평가요소로는 지원자의 기본자질, 품성 및 기본역량, 신체적 조건 등을 들 수 있다.

기본자질은 선발 대상자의 학업성취도나 전공의 직무관련성 및 활용도를 평가하고, 품성 및 기본역량은 세부 평가항목에 따라 인성, 개인능력, 조직적응력 측면에 중점을 두어 평가한다.

8 전형방법 및 선발절차(회사별 전형)

지원서 작성 ⇨ 서류전형 ⇨ 인·적성검사 ⇨ 면접전형 ⇨ 신체검사 ⇨ 최종합격

① 서류전형

이력서 및 자기소개서의 제반 내용을 심사하여 기본적인 자질을 평가하는 절차이다.

② 인·적성검사

서류전형 통과자의 인성 및 잠재역량을 평가하여 회사가 요구하는 인재상 및 각종 직무에 적합한지 여부를 확인하는 전형 절차이다.

DB그룹의 인·적성검사는 지원자가 얼마나 DB그룹의 핵심가치 및 인재상에 부합하여 실천할 수 있는 잠재역량을 지녔는가를 측정하는 객관적인 검사로서, 검사 결과를 통해 잠재역량 수준이 아주 낮은 지원자는 선발대상에서 제외된다.

지원자에 대한 검사 결과자료는 면접 평가 및 배치 참고자료로 활용된다.

③ 면접전형

채용의 최종 결정에 가장 중요한 선발과정으로서, 지원자와의 직접 대면 및 구조화된 면접 기법을 통하여 기본 자질, 적성, 능력 등 지원자의 역량에 대한 정보를 종합적이고 심층적으로 파악하여 평가하는 전형절차이다.

㉠ **1차 면접**(프레젠테이션 면접)
- 면접방식 : 개인별
- 면접위원 : 부장~과장(1인, 10~20분)
- 평가내용 : 과제발표 및 질의응답, 개인능력 및 직무수행 기초역량

㉡ **2차 면접**(집단 심층 면접)
- 면접방식 : 3~4인 1개조
- 면접위원 : 임원(1조, 40~60분)
- 평가내용 : 개별 질의응답 또는 주제 토론, 인성 및 조직적응력

  ※ 회사별로 면접방식의 진행 순서가 약간 다르거나, 영어 면접 등 사별 차별화된 부분이 포함될 수 있다.

④ 신체검사

선발 결정을 위한 마지막 절차로서 전문 의료기관에 의뢰하여 실시한다.

03 관련기사

DB손해보험, 새해맞이 건강관리 캠페인 실시

건강펀드 통해 직원들의 건강하고 즐거운 직장생활 지원
2006년부터 2019년까지 금연 247명 / 다이어트 968명

DB손해보험 김 모 대리(35, 여)는 작년 초 회사에서 실시한 다이어트 펀드 캠페인에 참여해 목표했던 체중까지 감량할 수 있었다. 지난해 건강검진 결과도 다이어트 후 훨씬 좋아진 것을 알게 되면서 주위 동료들에게 펀드 가입을 적극 권유하고 있다.

DB손해보험(대표이사 사장 김정남)은 새해를 맞아 직원들의 건강 다짐을 지원하고자 2006년부터 매년 1월 1일부터 3개월간 '금연펀드와 다이어트 펀드'를 실시해오고 있다.

금연펀드는 현재 흡연중인 임직원 중 금연계획을 가지고 있는 임직원을 대상으로 한다. 금연서약서와 건강관리 각오를 작성한 임직원들은 매월 5만원씩 펀드에 적립하고 3개월 후 펀드 총액이 금연에 성공한 임직원들에게 균등하게 배분된다. 물론 중도포기자는 15만원을 잃게 된다.

특히, 다이어트 펀드는 초기에는 여직원들에게 인기가 많았지만 시간이 지남에 따라 남녀를 불문하고 관심과 참여도가 높아지고 있다. 키와 몸무게를 기본 토대로 감량 목표를 정하고 3개월 후 성공시 금연펀드와 마찬가지로 성공자에게 적립된 펀드가 1/N로 배분된다. 최근 다이어트 열풍 때문에 금연펀드보다 훨씬 많은 임직원들이 참여하고 있다.

2019년까지 지난 14년 동안 금연펀드는 247명, 다이어트 펀드는 968명이 성공해 연평균 88명이 본인 건강관리에 성공했다. 2020년에도 그 참여는 계속되고 있으며, 총 160명의 참가자 접수를 받았다.

DB손해보험은 금연 및 다이어트에 성공한 임직원들에게는 성공축하금을 지급하며, 성공자 중 펀드 종료 후 3개월간 몸무게 및 금연을 유지한 임직원들에게는 건강유지격려금을 추가로 지급하는 등 임직원들의 건강관리를 적극 지원하고 있다.

-2020. 02. 04

면접질문
- DB인의 '3자세'에 대해 아는 대로 말해보시오.
- 자신이 하고 있는 자기관리에 대해 말해보시오.

DB손해보험, NHN고도 회원사 보험서비스 지원협력을 위한 전략적 제휴 체결

개인정보배상책임보험(II) 간편하게 가입 서비스 제공

DB손해보험(대표이사 사장 김정남)은 'NHN고도'와 포괄적 보험 서비스 제공을 위한 업무제휴 협약(MOU)을 체결했다고 3일 밝혔다. 양사의 주요 협약사항에는 NHN 고도의 회원사가 법적 의무 가입사항인 "개인정보배상책임보험(II)"을 간편하게 가입할 수 있도록 서비스를 제공한다는 내용을 담고 있다.

개인정보보호배상책임보험(II)은 개인정보 유출, 분실, 도난, 위조, 변조, 훼손으로 인한 피보험자의 법률상 손해배상책임을 보장하는 보험이다. 정보통신망 이용 촉진 및 정보보호 등에 관한 법률에 따라 지난해 6월 13일부터 보험가입이 의무화됐다. 기업이 보유한 이용자 수 및 매출액에 따라 의무적으로 가입할 최저가입금액은 5,000만원에서 10억 원까지 세분화되어 있다. 작년 말까지 보험 가입 계도기간을 두어 과태료 부과 등이 유예되었으나 올해부터 위반할 경우 2,000만 원 이하의 과태료를 부과받게 된다.

이번 협약에 따라 DB손해보험은 기업 보험에 특화된 인슈테크 전문기업 '㈜이투엘'과 함께 개발한 개인정보보호배상책임보험(II) 간편가입시스템을 'NHN고도'에 제공하고 이를 통해 해당 회원사가 쉽고 편리하게 보험가입 할 수 있도록 제공한다. 이로써 'NHN고도' 회원사는 원클릭 비대면 가입이 가능해지고 DB손해보험은 'NHN고도' 전용 콜센터 및 원클릭 보험금 산출 등의 간편 가입 서비스를 제공한다.

DB손해보험 관계자는 "NHN고도와 이번 협약을 계기로 개인정보보호배상책임보험(II)의 성공적인 정착과 더불어, 향후 NHN고도의 소상공인을 위한 다양한 보험 서비스를 개발하고 제공함에 있어서 양사간 적극적이고 지속적인 협조체계를 구축해 나갈 것"이라고 밝혔다.

-2020. 01. 06

면접질문
* '개인정보배상책임보험(II)'에 대해 아는 대로 말해보시오.
* 소상공인을 위한 보험서비스를 기획한다면 어떤 것이 있을지 말해보시오.

PART

II

적성검사

언어비평검사

‖1~40‖ 주어진 지문을 읽고 다음에 제시된 문장이 참이면 ①, 거짓이면 ②, 주어진 지문으로 알 수 없으면 ③을 선택하시오.

1

> 우리나라 향신료의 대명사로 쓰이는 고추는 생각만큼 오랜 역사를 갖고 있지 못하다. 중미 멕시코가 원산지인 고추는 '남만초'나 '왜겨자'라는 이름으로 16세기 말 조선에 전래되어 17세기부터 서서히 보급되다가 17세기 말부터 가루로 만들어 비로소 김치에 쓰이게 되었다. 조선 전기까지 주요 향신료는 후추, 천초 등이었고, 이 가운데 후추는 값이 비싸 쉽게 얻을 수 없었다. 19세기 무렵에 와서 고추는 향신료로서 압도적인 우위를 차지하게 되었다. 그 결과 후추는 더 이상 고가품이 아니게 되었으며, '산초'라고도 불리는 천초의 경우 지금에 와서는 간혹 추어탕에나 쓰일 정도로 되었다.

1-1 조선 전기에 후추는 향신료 중에 값이 비싼 축에 들었다.   ① ② ③

1-2 후추는 '산초'라고도 불리며 오늘날에는 그 가치가 조선시대에 비해 하락했다.   ① ② ③

1-3 고추는 처음 조선인이 접하였을 때부터 '고추'라는 이름으로 불렸다.   ① ② ③

  1-1 조선 전기까지 주요 향신료는 후추, 천초 등이었고, 이 가운데 후추는 값이 비싸 쉽게 얻을 수 없었다.
1-2 '산초'는 후추가 아니라 천초의 다른 이름이다.
1-3 중미 멕시코가 원산지인 고추는 '남만초'나 '왜겨자'라는 이름으로 16세기 말 조선에 전래되었다.

2

> 판소리는 한국의 서사무가의 서술원리와 구연방식을 빌려다가 흥미 있는 설화 자료를 각색해, 굿이 아닌 세속의 저잣거리에서 일반 사람들을 상대로 노래하면서 시작되었다. 호남지역에서 대대로 무당을 세습하던 세습 무당 집안에서는 여자 무당이 굿을 담당하고 남자 무당은 여자 무당을 도와 여러 가지 잡일을 했다. 당연히 굿을 해주고 받는 굿값의 분배도 여자 무당을 중심으로 이루어졌고, 힘든 잡일을 담당한 남자 무당은 몫이 훨씬 적었다. 남자 무당이 굿에 참여하고 그 몫의 돈을 받는 경우는 노래를 할 때뿐이었다. 따라서 세습 무당 집안에서 태어난 남자들은 노래를 잘하는 것이 잘 살 수 있는 길이었다. 남자들은 노래공부를 열심히 했고, 이 과정에서 세습 무당 집안에서는 많은 명창을 배출하였다.

2-1 호남지역의 세습 무당 집안에서 남자 무당이 여자 무당보다 소득이 높았다. ① ② ③

2-2 조선 후기에 남자 무당들은 무속을 상업화하여 문화로 발전시켰다. ① ② ③

2-3 판소리는 세속의 저잣거리에서 시작되었다. ① ② ③

Tip
2-1 세습 무당 집안에서는 여자 무당이 굿을 담당하고 남자 무당은 여자 무당을 도와 여러 가지 잡일을 했다. 굿값의 분배도 여자 무당을 중심으로 이루어졌다.
2-2 위 지문을 통해 알 수 없다.
2-3 판소리는 한국의 서사무가의 서술원리와 구연방식을 빌려다가 흥미 있는 설화 자료를 각색해, 굿이 아닌 세속의 저잣거리에서 일반 사람들을 상대로 노래하면서 시작되었다.

Answer ┌→ 1-1.① 1-2.② 1-3.② 2-1.② 2-2.③ 2-3.①

3

귀납의 정당화 문제로부터 과학의 방법인 귀납을 옹호하기 위해 라이헨바흐는 이 문제에 대해 현실적 구제책을 제시한다. 라이헨바흐는 자연이 일양적일 수도 있고 그렇지 않을 수도 있음을 전제한다. 먼저 자연이 일양적일 경우, 그는 지금까지의 우리의 경험에 따라 귀납이 점성술이나 예언 등의 다른 방법보다 성공적인 방법이라고 판단한다. 자연이 일양적이지 않다면, 어떤 방법도 체계적으로 미래 예측에 계속해서 성공할 수 없다는 논리적 판단을 통해 귀납은 최소한 다른 방법보다 나쁘지 않은 추론이라고 확언한다. 결국 자연이 일양적인지 그렇지 않은지 알 수 없는 상황에서는 귀납을 사용하는 것이 옳은 선택이라는 라이헨바흐의 논증은 귀납의 정당화 문제를 현실적 차원에서 해소하려는 시도로 볼 수 있다.

3-1 라이헨바흐는 자연이 일양적이라는 것을 전제로 귀납을 옹호하는 주장을 제시한다.
① ② ③

3-2 라이헨바흐는 점성술이나 예언 등의 방법보다는 귀납이 성공적인 방법이라고 주장한다.
① ② ③

3-3 라이헨바흐의 논증은 귀납이 가지는 현실적인 한계를 지적한다. ① ② ③

3-1 라이헨바흐는 자연이 일양적일 수도 있고 그렇지 않을 수도 있음을 전제한다.

3-2 라이헨바흐는 지금까지의 우리의 경험에 따라 귀납이 점성술이나 예언 등의 다른 방법보다 성공적인 방법이라고 판단한다.

3-3 라이헨바흐는 자연이 일양적이라고 단정하지 않고 현실적 구제책을 제시하고 있을 뿐 귀납이 가지는 현실적인 한계를 지적하지는 않는다.

4

냉동보존은 수명연장을 위한 방법 중 하나이지만 시신을 냉동하는 과정에서 시신의 세포 내부에 얼음이 형성되어 심각한 세포 손상이 일어난다는 것이 밝혀졌다. 이를 방지하기 위하여 저속 냉동보존술이 제시되었는데, 이는 주로 정자나 난자, 배아, 혈액 등의 온도를 1분에 1도 정도로 천천히 낮추는 방식이었다. 이 기술에서 느린 냉각은 삼투압을 이용해 세포 바깥의 물을 얼음 상태로 만들고 세포 내부의 물은 냉동되지 않도록 하는 방식이다. 그러나 이 또한 치명적이지는 않더라도 여전히 세포들을 손상시킨다. 최근에는 액체 상태의 체액을 유리질 상태로 변화시키는 방법을 이용해 세포들을 냉각시키는 방법이 개발되었다. 유리질 상태는 고체이지만 결정 구조가 아니다. 그것의 물 분자는 무질서한 상태로 남아있으며, 얼음 결정에서 보이는 것과 같은 규칙적인 격자 형태로 배열되어 있지 않다. 알코어 재단은 시신 조직의 미시적 구조가 손상되는 것을 줄이기 위해 최근부터 유리질화를 이용한 냉동방법을 활용하고 있다.

4-1 저속 냉동보존술은 삽투압을 이용한 냉각 방식이다. ① ② ③

4-2 냉동보존에 회의적인 입장을 보이는 과학자들도 존재한다. ① ② ③

4-3 알코어 재단에서는 냉동 유리질화를 이용한 냉동방법을 사용하고 있다. ① ② ③

 4-1 저속 냉동보존술은 주로 정자나 난자, 배아, 혈액 등의 온도를 1분에 1도 정도로 천천히 낮추는 방식이었다. 이 기술에서 느린 냉각은 삼투압을 이용해 세포 바깥의 물을 얼음 상태로 만들고 세포 내부의 물은 냉동되지 않도록 하는 방식이다.

4-2 위 지문을 통해 알 수 없다.

4-3 알코어 재단은 시신 조직의 미시적 구조가 손상되는 것을 줄이기 위해 최근부터 유리질화를 이용한 냉동방법을 활용하고 있다.

Answer→ 3-1.② 3-2.① 3-.3.② 4-1.① 4-2.③ 4-3.①

5

흑체를 관찰하기 위해 물리학자들은 일정한 온도가 유지되고 완벽하게 밀봉된 공동(空洞)에 작은 구멍을 뚫어 흑체를 실현했다. 공동이 상온일 경우 공동의 내벽은 전자기파를 방출하는데, 이 전자기파는 공동의 내벽에 부딪혀 일부는 반사되고 일부는 흡수된다. 공동의 내벽에서는 이렇게 전자기파의 방출, 반사, 흡수가 끊임없이 일어나고 그 일부는 공동 구멍으로 방출되지만 가시영역의 전자기파가 없기 때문에 공동 구멍은 검게 보인다. 또 공동이 상온일 경우 이 공동 구멍으로 들어가는 전자기파는 공동 안에서 이리저리 반사되다 결국 흡수되어 다시 구멍으로 나오지 않는다. 즉 공동 구멍의 특성은 모든 전자기파를 흡수하는 흑체의 특성과 같다. 한편 공동이 충분히 가열되면 공동 구멍으로부터 가시영역의 전자기파도 방출되어 공동 구멍은 색을 띨 수 있다. 이렇게 공동 구멍에서 방출되는 전자기파의 특성은 같은 온도에서 이상적인 흑체가 방출하는 전자기파의 특성과 일치한다.

5-1 공동이 상온일 경우 공동의 내벽은 전자기파를 방출하고 구멍 밖으로 나오기 전에 모두 흡수해 버린다. ① ② ③

5-2 공동이 검게 보일 때에는 공동이 상온인 것이다. ① ② ③

5-3 모든 전자기파를 흡수하는 공동의 특성은 흑체와의 차별점이다. ① ② ③

(Tip) 5-1 공동이 상온일 경우 이 공동 구멍으로 들어가는 전자기파는 공동 안에서 이리저리 반사되다 결국 흡수되어 다시 구멍으로 나오지 않는다.

5-2 공동이 상온일 때 공동의 내벽에서는 이렇게 전자기파의 방출, 반사, 흡수가 끊임없이 일어나고 그 일부는 공동 구멍으로 방출되지만 가시영역의 전자기파가 없기 때문에 공동 구멍은 검게 보인다.

5-3 공동 구멍의 특성은 모든 전자기파를 흡수하는 흑체의 특성과 같다.

6

> '원시인'이라는 말은 아프리카 · 남태평양 · 아메리카 및 아시아 등지의 지역에 사는 원주민을 일컫는 일반적인 명칭이다. 원주민들이 유럽인들에 의해 발견된 것은 주로 15세기에서 19세기 사이였으며, 어떤 경우에는 20세기까지 포함되기도 한다. 현대에 발견되는 원시인은 대부분 선사 시대인이나 현대 유럽인과 신체적으로 다르지만, 그들을 원시인이라고 판단하는 기준은 그들의 신체적 특징이 아닌 문화적 발달단계에 의한 것이다. 원시인의 문화적 발달 단계는 혹자가 '야만적'이라고 표현하는 단계부터 비교적 고도로 발달된 단계까지 다양하다. 그래서 원시인이라는 단어는 그 자체의 의미상 규정이 명확하지 않다.

6-1 　현대에 발견되는 원시인들은 선사 시대인과 신체적 유사성을 보인다. 　① ② ③

6-2 　아프리카 · 남태평양 · 아메리카 및 아시아 등지의 지역에 사는 원주민을 원시인이라고 부른다. 　① ② ③

6-3 　원시인을 명확하게 규정할 수 있는 개념이 등장하였다. 　① ② ③

 　6-1 현대에 발견되는 원시인은 대부분 선사 시대인이나 현대 유럽인과 신체적으로 다르지만, 그들을 원시인이라고 판단하는 기준은 그들의 신체적 특징이 아닌 문화적 발달단계에 의한 것이다.
　6-2 '원시인'이라는 말은 아프리카 · 남태평양 · 아메리카 및 아시아 등지의 지역에 사는 원주민을 일컫는 일반적인 명칭이다.
　6-3 원시인의 문화적 발달 단계는 혹자가 '야만적'이라고 표현하는 단계부터 비교적 고도로 발달된 단계까지 다양하다. 그래서 원시인이라는 단어는 그 자체의 의미상 규정이 명확하지 않다.

Answer↱ 　5-1.① 　5-2.① 　5-3.② 　6-1.② 　6-2.① 　6-3.②

7

> 이원론자들이 말하는 것처럼 육체와 영혼이 분리되면 영혼은 더 이상 육체에 명령을 내릴 수 없다. 그러면 육체는 활기를 띠지 못한다. 이런 방식으로 우리는 살아있는 육체와 시체의 차이를 설명할 수 있다. 그 차이는 영혼과 육체의 연결 여부다. 이는 충분히 납득할 만한 설명이다. 이원론자들은 물리주의자들이 이런 차이점을 제대로 설명하지 못한다고 주장한다. 부패가 시작되기 전이라면 시체도 살아있는 육체와 마찬가지로 모든 물리적 요소들을 그대로 보존하고 있다. 그렇기 때문에 여러분과 나의 살아있는 육체가 생기를 띠는 이유를 설명하기 위해서 우리는 초월적인 영혼의 존재를 인정할 수밖에 없다는 얘기다.

7-1 살아있는 육체와 시체의 차이는 육체와 영혼의 연결 여부이다. ① ② ③

7-2 시체라도 부패가 진행되지 않았다면 살아있는 육체와 같은 물리적 요소를 가지고 있다.
① ② ③

7-3 물리주의자들은 기능 수행 가능 여부에 따라 시체와 살아있는 육체를 구분한다. ① ② ③

 7-1 이원론자들의 말에 따라 우리는 살아있는 육체와 시체의 차이를 설명할 수 있다. 그 차이는 영혼과 육체의 연결 여부다.
7-2 부패가 시작되기 전이라면 시체도 살아있는 육체와 마찬가지로 모든 물리적 요소들을 그대로 보존하고 있다.
7-3 위 지문을 통해 알 수 없다.

8

보스토크 1호는 사람이 탑승해 지구로 돌아오는 귀환캡슐과 캡슐을 이동시키는 기계선으로 이뤄졌다. 1961년 4월 소련에서 발사된 보스토크 1호는 태평양을 지나 남아메리카, 아프리카 상공을 통과해 지구를 한 바퀴 돌아 다시 소련에 착륙했다. 지구를 한 바퀴 돈 가가린은 아프리카 상공에서 보스토크 1호의 역추진 로켓을 점화해 우주선 속도를 줄이고 귀환캡슐과 기계선을 분리했다. 귀환캡슐이 지상에 도착할 무렵 우주비행사는 캡슐에서 탈출해 낙하산을 펼쳐 지상에 착륙했다. 실제 보스토크 1호는 캡슐과 기계선을 분리하는 과정에서 처음에 완벽히 분리되지 않아 불안정했지만 얼마 후 다시 완벽하게 분리됐다. 그로 인해 처음 예상했던 지점과는 조금 떨어진 곳이었지만 가가린이 무사히 착륙하며 임무를 성공적으로 마쳤다.

8-1 보스토크 1호는 가가린이 탑승한 우주선이었다.　① ② ③

8-2 보스토크 1호는 지구를 한 바퀴 돌아 다시 미국에 착륙했다.　① ② ③

8-3 보스토크 1호는 캡슐과 기계선을 완벽히 분리 한 후 예상 지점에 안전하게 착륙했다.
　　① ② ③

 8-1 보스토크 1호는 사람이 탑승해 지구로 돌아오는 귀환캡슐과 캡슐을 이동시키는 기계선으로 이뤄졌고 보스토크 1호에 탑승한 사람은 가가린이었다.

8-2 1961년 4월 소련에서 발사된 보스토크 1호는 태평양을 지나 남아메리카, 아프리카 상공을 통과해 지구를 한 바퀴 돌아 다시 소련에 착륙했다.

8-3 보스토크 1호는 캡슐과 기계선을 분리하는 과정에서 처음에 완벽히 분리되지 않아 불안정했지만 얼마 후 다시 완벽하게 분리됐다. 그로 인해 처음 예상했던 지점과는 조금 떨어진 곳이었지만 가가린이 무사히 착륙하며 임무를 성공적으로 마쳤다.

Answer▸ 7-1.① 7-2.① 7-3.③ 8-1.① 8-2.② 8-3.②

9

출산 초기 모유에 많이 들어 있는 모유올리고당은 아기의 장 안에 박테리아(유익균)가 제대로 자리 잡게 도와주기 위한 것이다. 신생아의 장에는 박테리아가 없으므로 먼저 깃발을 꽂는 놈이 임자인데, 만일 유해균이 선점하면 평생 장건강이 안 좋을 수 있기 때문이다. 2000년대 초중반 행해진 연구에 따르면 보통 모유에는 모유올리고당이 100여 가지나 존재하고, 유익균의 대명사인 비피도박테리아(Bifidobacterum infantis)가 모유올리고당을 잘 먹는다는 사실이 밝혀졌다. 비피도박테리아는 설사를 일으키는 유해균이 장에 자리잡는 걸 방해하는 우군이다. 모유올리고당은 반대로 박테리아성 설사의 주범인 캄파일로박터(Campylobacter jejuni)가 장점 막에 달라붙는 걸 막는다는 사실도 밝혀졌다.

9-1 출산 초기 모유에는 모유올리고당이 함유되어 있다.　① ② ③

9-2 신생아의 장에는 무균 상태이기 때문에 처음 자리잡는 박테리아가 중요하다.　① ② ③

9-3 비피도박테리아는 유해균을 방해하는 유익균이다.　① ② ③

 9-1 출산 초기 모유에 많이 들어 있는 모유올리고당은 아기의 장 안에 박테리아(유익균)가 제대로 자리 잡게 도와주기 위한 것이다.
9-2 신생아의 장에는 박테리아가 없으므로 먼저 깃발을 꽂는 놈이 임자인데, 만일 유해균이 선점하면 평생 장건강이 안 좋을 수 있기 때문이다.
9-3 비피도박테리아는 설사를 일으키는 유해균이 장에 자리잡는 걸 방해하는 우군이다.

10

인간의 복잡하고 정교한 면역계는 세균이나 바이러스 같은 병원체의 침입에 맞서서 우리를 지켜 주지만, 병원체가 몸 안으로 들어오고 난 다음에야 비로소 침입한 병원체를 제거하는 과정을 시작한다. 이 과정은 염증이나 발열 같은 적잖은 생물학적 비용과 위험을 동반한다. 인류의 진화 과정은 개체군의 번영을 훼방하는 이런 비용을 치러야 할 상황을 미리 제거하거나 줄이는 방향으로 진행되었다. 이 과정은 인류에게 병원체를 옮길 만한 사람과 어울리지 않고 거리를 두려는 자연적인 성향을 만들어냈다. 그 결과 누런 콧물이나 변색된 피부처럼 병원체에 감염되었음을 암시하는 단서를 보이는 대상에 대해 혐오나 기피의 정서가 작동하여 감염 위험이 줄어들게 된다.

10-1 인간의 면역체계는 병원체가 인체 내부로 침입하기 전에는 활동하지 않는다. ① ② ③

10-2 체내 병원체를 제거하지 못하면 발열과 염증 현상이 일어난다. ① ② ③

10-3 상대방이 병원체에 감염되었음을 확인하는 데에 시각적 정보는 한계가 있다. ① ② ③

 10-1 인간의 면역계는 병원체가 몸안으로 들어오고 난 다음에야 비로소 침입한 병원체를 제거하는 과정을 시작한다.
10-2 침입한 병원체를 제거하는 과정에서 염증이나 발열과 같은 증상을 동반한다.
10-3 누런 콧물이나 변색된 피부처럼 병원체에 감염되었음을 암시하는 단서를 보이는 대상에 대해 혐오나 기피의 정서가 작동하여 감염 위험이 줄어들게 된다.

Answer → 9-1.① 9-2.① 9-3.① 10-1.① 10-2.② 10-3.②

11

> 태즈메이니아 주머니 너구리 또는 태즈메이니아 데빌은 유대류의 주머니고양이목의 동물로, 태즈메이니아 산 주머니 곰이라고도 한다. 털색은 보통 검은색 또는 암흑다색 바탕이며, 앞가슴에 흰색 달 모양 무늬가 있으며, 목·어깨 등에 작은 흰색 무늬가 있다. 기분 나쁜 울음소리 때문에 '데빌'(악마)이라는 이름이 붙었다. 태즈메이니아 데빌은 주로 오스트레일리아 태즈메이니아 섬에 분포하며, 전반적으로는 북동부에 많다. 이 동물은 건조한 숲과 나무가 많은 곳을 좋아하며 가끔씩 도로 주변에서도 발견된다.

11-1 태즈메이니아 데빌은 그 울음소리로 인해 '데빌'이란 이름이 붙었다. ① ② ③

11-2 태즈메이니아 데빌은 현재 멸종 위기 종으로 분류되어 있다. ① ② ③

11-3 태즈메이니아 데빌은 오스트레일리아 태즈메이니아 섬에 분포하며 태즈메이니아 주머니 너구리 또는 태즈메이니아 산 주머니 곰이라고도 부른다. ① ② ③

11-1. 태즈메이니아 데빌은 기분 나쁜 울음소리 때문에 '데빌'(악마)이라는 이름이 붙었다.

11-2. 위 지문을 통해서는 알 수 없다.

11-3. 태즈메이니아 데빌은 주로 오스트레일리아 태즈메이니아 섬에 분포하며, 전반적으로는 북동부에 많다. 그리고 태즈메이니아 주머니 너구리 또는 태즈메이니아 산 주머니 곰이라고도 한다.

12

> 8월 10일 미국 샌디에이고 주립대 연구진은 지구에서 약 1400광년 떨어진 거문고자리에서 두 개의 태양 주위를 도는 행성 '케플러-453b'를 발견했다. 케플러-453b는 무게가 지구의 17배가 넘고 직경은 지구의 6.2배나 된다. 태양계로 치면 목성과 같은 덩치가 큰 가스형 행성이라 생명체가 존재할 가능성은 없다. 연구팀은 케플러-453b가 우리 태양의 94%, 20% 크기의 두 항성을 지구날짜로 240일 주기로 공전한다는 사실을 알아냈다. 두 개의 태양이 행성에 어떤 영향을 미치는지에 대해서는 추가 연구를 통해 알아낼 계획이다.

12-1   케플러-453b는 두 개의 태양 주위를 돌고 있다.   ① ② ③

12-2   케플러-453b는 우리 태양의 약 94%, 80% 크기의 두 항성을 지구 날짜로 240일 주기로 공전한다.   ① ② ③

12-3   케플러-453b는 무게가 지구의 17배가 넘고 직경은 지구의 6.2배나 되는 가스형 행성으로 생명체가 존재할 가능성이 없다.   ① ② ③

12-1. 케플러-453b는 지구에서 약 1400광년 떨어진 거문고자리에 있으며 두 개의 태양 주위를 도는 행성이다.

12-2. 케플러-453b는 우리 태양의 약 94%, 20% 크기의 두 항성을 지구 날짜로 240일 주기로 공전한다.

12-3. 케플러-453b는 무게가 지구의 17배가 넘고 직경은 지구의 6.2배나 된다. 이 행성은 태양계로 치면 목성과 같은 덩치가 큰 가스형 행성이라 생명체가 존재할 가능성은 없다.

Answer ⤳   11-1.①   11-2.③   11-3.①   12-1.①   12-2.②   12-3.①

13

빙설기후는 지구 양극에 해당하는 지역에 나타나는데 북반구의 그린란드 내륙과 남반구의 남극대륙이 이에 해당한다. 이 기후는 만년설로 뒤덮여 빙하를 이루기 때문에 빙관기후(Ice cap climate)라고도 불리며 지구의 모든 기후구 중 가장 혹독한 기후구에 속한다. 엄청 낮은 기온과 강한 폭풍이 대표적인 현상이다. 낮은 기온은 빙설로 인한 복사냉각과 함께 해발고도(남극의 평균고도는 2,200m)가 높기 때문이다. 가장 더운 달에도 평균기온이 0도 이하를 보인다. 최한월 평균기온은 영하 51도에서 영하 34도에 이른다. 강한 바람은 급격히 냉각된 중력풍 때문에 생긴다. 남극대륙에서 부는 강력한 폭풍인 블리자드(blizzard)가 좋은 예다. 또한 이 기후대는 지상 고기압이 발달하여 공기가 건조하고 안정적이다. 강수량은 연간 130mm 이하로 사막기후와 비슷하다. 낮은 기온과 건조함으로 인해 식생이 거의 자라지 못한다. 빙설기후지역에 해당하는 북극과 남극의 지리환경을 살펴보면 북극지역은 북미와 유라시아 대륙으로 둘러싸인 해양이다. 통상 북위 66도 이상의 북극권을 말하며 다른 말로 산림성장 한계선, 빙하 남하 한계선, 영구 동토선 이북 등을 지칭하기도 한다. 기후 구분으로는 7월 평균기온이 10℃인 등온선 이북 지역을 말한다. 북극해의 면적은 1,200만㎢로 지중해의 4배 정도이고 평균 수심은 1,200m이다. 그리고 연중 두꺼운 얼음으로 덮여 있다. 하지만 최근에는 지구온난화로 인해 여름철에 얼음이 녹는 지역이 점차 늘어나고 있다. 남극은 남극해로 둘러싸여 있는 대륙으로 대륙 면적은 약 1,310만㎢(한반도의 60배) 정도이다. 남극 대륙 전체 면적의 98% 정도가 두꺼운 얼음과 눈으로 덮여 있다. 이러한 북극과 남극의 가장 큰 차이는 북극은 바다이고, 남극은 대륙이라는 점이다.

13-1 빙설기후는 엄청 낮은 기온과 강한 폭풍이 대표적인 현상으로 최한월 평균기온은 영하 80도에서 영하 51도에 이른다. ① ② ③

13-2 최근 지구 온난화로 인해 북극해와 남극대륙의 면적이 빠른 속도로 줄어들고 있어 국제적인 노력이 시급하다. ① ② ③

13-3 북극과 남극의 가장 큰 차이는 북극은 대륙이고 남극은 바다라는 점이다. ① ② ③

 13-1. 빙설기후는 엄청 낮은 기온과 강한 폭풍이 대표적인 현상으로 최한월 평균기온은 영하 51도에서 영하 34도에 이른다.
　　 13-2. 위 지문을 통해서는 알 수 없다.
　　 13-3. 북극과 남극의 가장 큰 차이는 북극은 바다이고 남극은 대륙이라는 점이다.

14

최근 화석연료의 고갈 그리고 화석연료의 사용에 따른 지구온난화 등에 따라 재생가능에너지(renewable energy)의 중요성과 비중이 점차 높아지고 있다. 재생가능에너지란 자연 상태에서 만들어진 에너지를 일컫는데, 태양에너지, 풍력에너지, 수력에너지, 지열에너지, 생물자원에너지, 조력에너지, 파도에너지 등이 그것이다. 그러나 대부분의 재생가능에너지는 태양에너지의 변형이므로 그 양이 한정되어 있고 태양에너지의 영향을 크게 받는다. 하지만 그럼에도 불구하고 지열에너지는 재생가능에너지 중 태양에너지의 영향을 크게 받지 않는 편에 속한다. 지열(地熱)에너지는 지구가 가지고 있는 열에너지를 지칭하는데 지열에너지의 근원은 지구내부에서 우라늄, 토륨, 칼륨과 같은 방사성 동위원소가 붕괴하면서 내는 열(약 83%)과 지구 내부 물질에서 방출하는 열(약 17%)로 이루어져 있다. 지표에서 지하로 내려갈수록 지온은 상승하는데, 지하 10Km까지의 평균 지온증가율은 약 25~30도/km이다. 한편, 지구내부에서 맨틀대류에 의한 판의 경계에서는 100도 이상의 고온 지열지대가 존재하며 따라서 대부분의 지열 발전소는 판의 경계에 위치하고 있다.

14-1 지열에너지는 재생가능에너지 중에서도 특히 태양에너지의 영향을 상대적으로 덜 받기 때문에 재생가능에너지 중 활용비율이 가장 높다. ① ② ③

14-2 지열에너지는 지구내부에서 방사성 동위원소가 붕괴하면서 내는 열과 지구에서 반사되는 태양복사에너지로 이루어져 있다. ① ② ③

14-3 맨틀대류에 의한 판의 경계에서는 100도 이상의 고온 지열지대가 존재하며 따라서 우리나라에 있는 대부분의 지열 발전소는 모두 판의 경계에 위치하고 있다. ① ② ③

 14-1. 위 지문을 통해서는 알 수 없다.

14-2. 지열에너지의 근원은 지구내부에서 우라늄, 토륨, 칼륨과 같은 방사성 동위원소가 붕괴하면서 내는 열(약 83%)과 지구 내부 물질에서 방출하는 열(약 17%)로 이루어져 있다.

14-3. 위 지문을 통해서는 알 수 없다.

Answer→ 13-1.② 13-2.③ 13-3.② 14-1.③ 14-2.② 14-3.③

15

금융거래는 자금공급자로부터 자금수요자로 자금이 이동하는 형태에 따라 직접금융과 간접금융으로 구분된다. 직접금융은 자금수요자가 자기명의로 발행한 증권을 자금공급자에게 팔아 자금공급자로부터 자금을 직접 조달하는 거래이고, 간접금융은 은행과 같은 금융 중개 기관을 통하여 자금이 공급자에게서 수요자에게로 이동되는 거래이다. 직접금융의 대표적인 수단으로 주식·채권 등이 있으며 간접금융거래의 대표적인 수단으로 예금과 대출 등이 있다. 간접금융 또는 주거래은행제도는 다음과 같은 특징을 지닌다. 첫째, 은행과 고객기업 간에는 장기적 거래관계가 있다. 둘째, 은행은 고객기업의 결제구좌의 보유나 회사채 수탁업무 등을 통해 시장이나 다른 금융기관이 입수하기 힘든 기업의 내부정보를 얻어 동 기업이 일시적인 경영위기에 봉착했는가 아니면 근본적인 경영파산 상태에 빠져 있는가 등을 분별해낼 수 있다. 셋째, 은행은 위와 같은 기업 감시 활동을 통해 근본적인 경영파산 상태에 놓인 기업을 중도에 청산시키거나 계속기업으로서 가치가 있으나 일시적인 경영위기에 봉착한 기업을 구제할 수 있다. 그 외에도 은행은 다른 금융기관이나 예금자의 위임된 감시자로서 활동하여 정보의 효율성을 향상시킬 수도 있는데, 상대적인 의미에서 이들은 직접금융을 위주로 하는 시장지향형 경제시스템에서 흔치 않은 경험적 사실이라 하겠다.

15-1 금융거래는 자금 이동 형태에 따라 직접금융과 간접금융으로 구분된다. ① ② ③

15-2 직접금융의 대표적인 수단으로 예금과 대출 등이 있으며 간접금융거래의 대표적인 수단으로 주식·채권 등이 있다. ① ② ③

15-3 과거 우리나라 기업의 자금조달 방식을 살펴보면, 주요 선진국에 비해 간접금융이 차지하는 비중이 높았다. ① ② ③

(Tip) 15-1. 금융거래는 자금공급자로부터 자금수요자로 자금이 이동하는 형태에 따라 직접금융과 간접금융으로 구분된다.

15-2. 직접금융의 대표적인 수단으로 주식·채권 등이 있으며 간접금융거래의 대표적인 수단으로 예금과 대출 등이 있다.

15-3. 위 지문을 통해서는 알 수 없다.

16

거란도는 발해시대의 주요 대외교통로로서 「신당서」 발해전에는 수도인 상경을 중심으로 하여 각 방면에 이르는 교통로를 설명하고 있는데 그 가운데 부여부는 거란으로 가는 길이라고 하였다. 요나라의 태조가 발해를 공격할 때 먼저 부여성을 함락시킨 뒤 홀한성을 공격한 것이라든가, 부여부에는 항상 날랜 병사를 주둔시켜 거란을 방비하였다는 「신당서」의 기록들로 말미암아 발해와 거란의 교통에는 반드시 부여부를 거쳐야 함을 나타낸 것이다. 그 구체적인 경로는 상경에서 숭령을 지나 부여부에 이르고 여기에서 다시 몇 개의 지역을 거친 다음 거란의 도성인 임황(지금의 임동현)에 이르게 된다. 그러나 부여부에서 임황에 이르는 경로에 대해서는 여러 가지 견해가 있는데 이는 학자마다 부여부의 위치를 서로 다른 곳으로 추정하고 있기 때문이다.

16-1   부여부는 발해에서 거란으로 가는 발해시대 주요 대외교통로 중 하나이다.   ① ② ③

16-2   부여부에서 거란의 도성인 임황으로 가는 경로에 대해서는 여러 가지 견해가 있는데 이는 그만큼 발해와 거란과의 무역이 활발했음을 보여주는 증거이다.   ① ② ③

16-3   거란도에 대한 기록은 「신당서」 발해전에서만 찾을 수 있다.   ① ② ③

Tip   16-1. 「신당서」 발해전에는 수도인 상경을 중심으로 하여 각 방면에 이르는 교통로를 설명하고 있는데, 그 가운데 부여부는 거란으로 가는 길이라고 하였다.
16-2. 부여부에서 임황에 이르는 경로에 대해서는 여러 가지 견해가 있는데, 이는 학자마다 부여부의 위치를 서로 다른 곳으로 추정하고 있기 때문이다.
16-3. 위 지문을 통해서는 알 수 없다.

Answer→   15-1.①   15-2.②   15-3.③   16-1.①   16-2.②   16-3.③

17

가락바퀴는 '방주차'라고도 하며 신석기 시대에서 청동기 시대에 걸쳐 사용된 원시적인 방적구 중 하나이다. 즉 짧은 섬유의 경우는 섬유를 길게 이으며 뒤 꼬임을 주어 실을 만들고 긴 섬유의 경우는 꼬임만을 주어 실을 만드는 방적구의 가장 원시적인 형태라고 할 수 있다. 우리나라에서는 황해도 봉산군 문정면 지탑리, 평안남도 용강군 해운면 궁산리, 강원도 양양군 손양면 오산리, 한강 중류의 여주시 점동면 흔암리 유적에서 출토되었다. 가락바퀴는 그 중앙에 둥근 구멍이 뚫려 있는데 그 구멍을 통하여 가락바퀴의 축이 될 막대를 넣어 고정시킨 상태로 만들어서 완성시킨다. 막대의 위쪽 끝에는 갈퀴를 만들어 둔다.

17-1 가락바퀴는 중세에 이르러 물레로 발전하였다. ① ② ③

17-2 가락바퀴는 시대와 장소에 따라 그리고 형태에 따라 다양하게 나타난다. ① ② ③

17-3 여주시 점동면 흔암리 유적은 가락바퀴가 출토된 곳 중 가장 남쪽에 위치한다. ① ② ③

17-1. 위 지문을 통해서는 알 수 없다.
17-2. 위 지문을 통해서는 알 수 없다.
17-3. 위 지문을 통해서는 알 수 없다.

18

봉수는 횃불과 연기로써 급한 소식을 전하던 전통시대의 통신제도로 높은 산에 올라가 불을 피워 낮에는 연기로, 밤에는 불빛으로 신호하는 방식이었다. 봉수제도는 우역제와 더불어 신식우편과 전기통신이 창시되기 이전의 전근대국가에서는 가장 중요하고 보편적인 통신방법이었는데 역마나 인편보다 시간적으로 단축되었고, 신속한 효용성을 발휘하여 지방의 급변하는 민정상황이나 국경지방의 적의 동태를 상급기관인 중앙의 병조에 쉽게 연락할 수 있었기 때문이다. 보통 봉수제는 국가의 정치·군사적인 전보기능을 목적으로 설치되었는데 우리나라에서 군사적인 목적으로 설치된 봉수제가 처음 문헌기록에 나타난 시기는 고려 중기 무렵이다. 이후 조선이 건국되면서 조선의 지배층들은 고려시대 봉수제를 이어받았는데 특히 세종 때에는 종래에 계승되어 온 고려의 봉수제를 바탕으로 하고 중국의 제도를 크게 참고하여 그 면모를 새롭게 하였다. 하지만 이러한 봉수제는 시간이 지날수록 점점 유명무실하게 되었고 결국 임진왜란이 일어나자 이에 대한 대비책으로 파발제가 등장하게 되었다. 봉수는 경비가 덜 들고 신속하게 전달할 수 있는 장점이 있으나 적정을 오직 5거의 방법으로만 전하여, 그 내용을 자세히 전달할 수 없어 군령의 시달이 어렵고 또한 비와 구름·안개로 인한 판단곤란과 중도단절 등의 결점이 있었다. 반면에 파발은 경비가 많이 소모되고 봉수보다는 전달속도가 늦은 결점이 있으나 문서로써 전달되기 때문에 보안유지는 물론 적의 병력 수·장비·이동상황 그리고 아군의 피해상황 등을 상세하게 전달할 수 있는 장점이 있었다.

18-1 봉수제는 조선시대 초기 그 제도가 확립되어 시간이 지날수록 군사적인 측면에서 큰 역할을 하였다. ① ② ③

18-2 봉수제는 국가의 정치·군사적인 전보기능은 물론이고 일반 국민들의 개인적인 의사표시나 서신을 전달할 때도 사용되었다. ① ② ③

18-3 파발은 봉수에 비해 그 내용을 상세하게 전달할 수 있다는 장점이 있었지만 다른 한편으로는 전달속도가 느리다는 단점도 가지고 있다. ① ② ③

 18-1. 봉수제는 조선시대를 거치면서 그 제도가 확립되었지만 시간이 지날수록 유명무실하게 되어 결국 임진왜란 때는 그 대비책으로 파발제가 등장하게 되었다.

18-2. 위 지문을 통해서는 알 수 없다.

18-3. 파발은 경비가 많이 소모되고 봉수보다는 전달속도가 늦은 결점이 있으나 문서로써 전달되기 때문에 보안유지는 물론 적의 병력 수·장비·이동상황 그리고 아군의 피해상황 등을 상세하게 전달할 수 있는 장점이 있었다.

Answer ↱ 17-1.③ 17-2.③ 17-3.③ 18-1.② 18-2.③ 18-3.①

19

가마는 조그마한 집 모양으로 생긴 운송수단으로 안에 사람이 들어앉고, 앞뒤에서 두 사람 또는 네 사람이 밑에 붙은 가마채를 손으로 들거나 끈으로 매어 운반한다. 대개 가마뚜껑과 가마바탕 및 가마채로 이루어지고, 여기에 방석이 곁들여진다. 가마의 범주에 드는 것은 연·덩·가교·사인교·보교 등이 있다. 가마가 언제부터 생겨난 것인지는 확실히 알 수 없지만 신라시대 기와에 바퀴 달린 연 비슷한 것이 새겨진 것이나 고구려의 안악3호분 전실 서측 벽에 있는 주인도와 부인도에 호화로운 가마에 앉아 있는 주인과 부인의 모습이 각각 그려져 있는 것으로 보아 이미 삼국시대 이전에 존재했던 것으로 판단된다. 「고려도경」에도 채여·견여 등을 비롯한 고려시대의 가마에 대해 언급되어 있고 조선시대에는 특히 관리들의 품계에 따라 수레나 가마를 타는 데 차등을 두었던 교여지제가 있었다. 이에 따르면, 평교자는 일품과 기로(60세 이상의 노인), 사인교는 판서 또는 그에 해당하는 관리, 초헌은 종2품 이상, 사인남여는 종2품의 참판 이상, 남여는 3품의 승지와 각 조의 참의 이상, 장보교는 하급관원이 탔다. 한편 가마를 타고 대궐의 문 안에까지 들어갈 수 있었던 사람은 삼정승과 조선 말기의 청나라 공사에 한정되었다.

19-1 조선시대 때 60세 이상의 노인들도 평교자를 이용할 수 있었던 사실로 미루어 보아 이 시대가 노인들을 우대했던 사회였음을 알 수 있다. ① ② ③

19-2 조선시대 좌의정은 가마를 타고 대궐의 문 안까지 들어갈 수 있었다. ① ② ③

19-3 「고려도경」을 통해 고려시대에는 관리들의 품계에 따라 수레나 가마를 타는 데 차등을 두었음을 알 수 있다. ① ② ③

19-1. 위 지문을 통해서는 알 수 없다.
19-2. 한편 가마를 타고 대궐의 문안에까지 들어갈 수 있었던 사람은 삼정승과 조선 말기의 청나라 공사에 한정되었다. 좌의정은 삼정승에 속한다.
19-3. 관리들의 품계에 따라 수레나 가마를 타는 데 차등을 둔 것은 조선시대 때의 일이다.

20

　　가마우지는 가마우지과에 속하는 바닷새로 우리나라에는 가마우지·민물가마우지·쇠가마우지 등 3종이 알려져 있지만 세계적으로는 30종이 보고되어 있다. 몸 색깔은 암수 흑색에 남녹색의 금속광택이 있고, 부리의 주위에서 눈의 주위는 피부가 노출되어 황색 피부의 노출부의 바깥쪽과 얼굴 및 목은 흰색에 녹흑색의 작은 반점이 있다. 가마우지의 알은 담청색에 반점이 없고 표면은 대부분 백색의 석회질로 덮여 있는데 그 모양은 긴 타원형이다. 가마우지류는 집단으로 번식하고 집단으로 이동하는 사회성이 높은 새로 번식기에는 수컷이 집 재료를 모으고 암컷이 집을 짓는데, 주로 바위 위에 지으며 마른풀이나 해초를 주재료로 쓴다. 산란기는 5월 하순에서 7월로 한배의 산란 수는 4, 5개이다. 먹이는 주로 물고기로 어미가 먹이를 집에 가져오면 새끼는 어미의 입속에 머리를 깊이 박고 꺼내 먹는다. 우리나라·일본·대만 등지에 분포하며, 우리나라에서는 특히 울릉도와 제주도에 많이 서식한다. 「동의보감」에 의하면 가마우지의 성(性)이 냉하고 유독하므로 뜨거운 물이나 불에 덴 데에 약으로 쓰는데 물가의 돌 위에 똥이 자색의 꽃처럼 되어 있어 이것을 긁어모아 기름에 섞어서 바른다고 하였다. 또, 어린이의 감질(젖먹이의 조절을 잘못하여 체하여 생기는 병)에는 이것을 분말로 갈아서 멧돼지 간을 구워 찍어 먹으면 특효가 있다고 하였다.

20-1　가마우지는 우리나라에서 천연기념물로 지정되어 있다.　① ② ③

20-2　가마우지의 부리는 반점이 없고 표면이 대부분 백색의 석회질로 덮여 있다.　① ② ③

20-3　가마우지는 번식기를 제외하고는 보통 단독생활을 한다.　① ② ③

 20-1. 위 지문을 통해서는 알 수 없다.
　　　20-2. 반점이 없고 표면이 대부분 백색의 석회질로 덮여 있는 것은 가마우지의 알이다.
　　　20-3. 가마우지류는 집단으로 번식하고 집단으로 이동하는 사회성이 높은 새이다.

Answer⤴　19-1.③　19-2.①　19-3.②　20-1.③　20-2.②　20-3.②

21

> 가문비나무는 소나무과에 속하는 고산성 상록침엽수로 감비나무 혹은 당회·어린송·삼송 등으로도 불린다. 특히 어린송이란 나무껍질이 고기비늘 모양을 한 데서 붙여진 이름이다. 높이는 40m, 지름은 1m에 달하고 수피는 비늘처럼 벗겨지며 수관은 원추형이다. 잎은 1, 2㎝ 길이로 편평한 선형이며 끝이 뾰족하다. 수꽃은 황갈색, 암꽃은 자줏빛으로 되어있고 그 길이는 15㎜ 정도이다. 열매는 황록색의 타원체로서 밑으로 처지는데 그 길이는 대략 4~7.5㎝로 실편이 떨어지지 않는다. 가문비나무는 높고 추운 곳이 아니면 좀처럼 살기 힘든 식물로 해발고도 500~2,300m까지의 산지에서 자생하며 전나무·잣나무와 함께 북쪽의 상록침엽수림을 구성하는 나무이다. 이 나무는 민족항일기 이전에는 풍부한 목재자원을 이루고 있었으나, 일본의 수탈로 많이 벌채되었다. 한반도 남쪽지방에서는 지리산을 비롯한 덕유산·설악산 등에서 볼 수 있으며 우리나라뿐 아니라 일본의 북해도와 중국·만주·우수리 등에서도 분포한다.

21-1 가문비나무를 어린송이라 부르는 것은 다른 소나무과의 식물보다 그 크기가 작기 때문이다.
① ② ③

21-2 가문비나무는 북쪽의 상록침엽수림을 구성하는 나무로 500~2,300m까지의 산지에서 자생한다. ① ② ③

21-3 일제시대 일본의 수탈로 많이 벌채되었는데 이는 일본에 이 나무가 없기 때문이다.
① ② ③

 Tip

21-1. 가문비나무를 어린송이라 부르는 것은 나무껍질이 고기비늘 모양을 했기 때문이다.

21-2. 가문비나무는 높고 추운 곳이 아니면 좀처럼 살기 힘든 식물로 해발고도 500~2,300m까지의 산지에서 자생하며 전나무·잣나무와 함께 북쪽의 상록침엽수림을 구성하는 나무이다.

21-3. 가문비나무는 일본 북해도에서도 분포한다.

22

　일반적으로 감기라는 말은 독감을 포함한 상기도 감염증을 총괄하여 지칭하기도 하는데 병리학적으로는 감기와 독감은 병을 일으키는 바이러스의 종류와 그 증세에 있어 차이를 보인다. 감기의 경우, 그 증상은 보통 재채기, 두통, 피로감, 몸이 떨리며 춥고, 목이 아프고, 코의 염증(비염), 콧물 등의 증상이 나타나는데 열은 없으며 이러한 증상이 며칠 정도 지속된다. 초기에는 콧물이 나오기 시작하여 점차 그 양이 많아지고 농도가 짙어지며 기침과 함께 가래가 나오기도 한다. 감기를 일으키는 바이러스는 현재까지 약 1백여 종 이상으로 알려져 있는데 한 가지 바이러스가 경우에 따라서는 여러 가지 다양한 증상을 일으킬 수도 있어 원인이 되는 바이러스를 알아내기가 어렵다. 또한 동일한 증상이라도 원인균은 환자의 연령, 거주지, 발병 시기 및 사회적 조건에 따라 다르다. 그러나 대개의 경우 충분한 휴식을 취하고 적절한 수분섭취로 증상을 완화시켜 주면 통상 3~4일 정도면 증상이 소실되고 저절로 나아지는 질병이다. 감기는 호흡기를 통하여 감염되므로 전염력이 매우 강하다. 따라서 감기가 발생하였을 때는 전염방지를 위한 특별한 위생관리가 필요하다. 치료는 충분한 휴식을 취하고 적절한 수분섭취로 증상을 완화시켜 주며, 콧물·두통 등의 증세를 완화시키기 위한 약물을 복용하거나, 2차 감염을 방지하기 위한 항생제를 복용하는 경우가 있다. 반면 독감은 인플루엔자 바이러스라는 특정한 바이러스의 감염증이다. 인플루엔자는 보통의 감기와는 달리 고열이 나고 전신근육통과 쇠약감이 아주 심하다는 특징이 있으며, 무엇보다도 2차 감염·뇌염·심근염 등의 심각한 합병증의 우려가 있기 때문에 주의를 요한다. 특히 독감에 걸리게 되면 기관지의 점막이 손상되고, 이러한 손상을 통해서 일반세균의 2차 감염이 일어나 세균성 폐렴에 걸릴 가능성이 있다. 독감이 걸린 후의 예후는 이러한 2차 감염이 오는가 여부에 달려 있다. 독감은 소아·노인 등에서 심하게 발병하여 때로는 사망의 원인이 되기도 한다.

22-1　감기는 호흡기를 통하여 감염되므로 특별한 위생관리가 필요하다.　① ② ③

22-2　독감에 걸려 사망한 사람들 중 대다수는 2차 감염으로 생긴 세균성 폐렴이 그 원인이다.
　　　① ② ③

22-3　감기 바이러스와는 달리 독감 바이러스는 인플루엔자 바이러스라는 특정한 바이러스이기 때문에 바이러스의 퇴치가 쉬운 편이다.　① ② ③

Tip　22-1. 감기는 호흡기를 통하여 감염되므로 전염력이 매우 강하다. 따라서 감기가 발생하였을 때는 전염방지를 위한 특별한 위생관리가 필요하다.
　　　22-2. 위 지문을 통해서는 알 수 없다.
　　　22-3. 위 지문을 통해서는 알 수 없다.

Answer ➔ 21-1.② 21-2.① 21-3.② 22-1.① 22-2.③ 22-3.③

23

가훈은 가정의 윤리적 지침으로서 가족들이 지켜야 할 도덕적인 덕목을 간명하게 표현한 것으로 가계·정훈·가규라고도 한다. 가정은 사회생활의 기본적인 바탕이 되는 곳이므로 자녀들이 사회를 보는 눈은 가정에서 형성된 가치관을 통해서 길러지게 된다. 따라서 가훈은 사회의 윤리관에 우선하는 것이며 사회교육에서 기대할 수 없는 독특한 교육적 기능을 가지고 있다. 가훈은 주로 수신제가하는 방법을 가르치는 것으로서 중국에서는 남북조시대 안지추가 지은 「안씨가훈」, 당나라 하동 유씨의 가훈, 송나라 사마광의 가범, 주자가훈, 원채의 원씨세범, 원나라 때의 정씨가범, 명나라 때의 곽위애의 가훈, 방씨가훈 등이 유명하다. 특히 「안씨가훈」은 가장 대표적인 것으로서 가족도덕을 비롯하여 학문·교양·사상·생활양식과 태도, 처세와 교제방법, 언어·예술에 이르기까지 구체적인 체험과 사례들을 열거하여 자세히 기록하였으며, 시세에 편승하지 않고 조화와 평화, 안전을 중요시하며 소박하고 견실한 가정생활을 이상으로 삼고 있다. 또한 가훈으로서 뿐 아니라 사회·경제를 비롯한 모든 면에서 당시의 풍조를 연구하는 데 「안씨가훈」은 가치 있는 자료이다. 우리나라에서는 가훈이 없는 집안이 거의 없을 정도로 보편화되어 있는데 김유신 집안의 '충효', 최영 집안의 '황금 보기를 돌같이 하라.', 신사임당의 '신의·지조·청백·성실·우애', 김굉필의 '인륜', 이언적의 '근검과 절약', 이이의 '화목과 우애' 등은 오랫동안 그들 집안의 생활신조로 이어졌던 대표적인 가훈들이다.

23-1 가훈은 중국의 남북조시대 때 처음 만들어져 우리나라로 전해진 것이다. ① ② ③

23-2 최영 집안의 '황금 보기를 돌같이 하라.'라는 가훈은 오늘날까지도 그들 집안에 전해 내려오고 있다. ① ② ③

23-3 우리나라의 모든 가훈은 중국의 「안씨가훈」을 모델로 삼고 있다. ① ② ③

  23-1. 위 지문을 통해서는 알 수 없다.
　　　　 23-2. 위 지문을 통해서는 알 수 없다.
　　　　 23-3. 위 지문을 통해서는 알 수 없다.

24

가문소설은 가문 간의 갈등과 가문 내 구성원 간의 애정 문제 등을 주제로 하여 창작한 고전소설로 방대한 분량의 장편형식으로 이루어져 있다. 가문소설이 조선 후기 정조 때를 전후하여 발전했기 때문에 근대적 성격이 나타나고 있지만 그 중심 내용은 가문 창달을 목적으로 하고 있다. 그 목적의 중요 요소는 대부분 사대부 가문의 복고를 통하여 실학자 및 평민에 맞서는 요소로써 정조 이후 붕괴되어 가는 중앙집권화에의 재건과 퇴폐해 가는 강상(삼강과 오상. 곧 사람이 지켜야 할 도리)의 회복을 위한 목적의식이 뚜렷한 소설이다. 당시 정조의 문풍쇄신운동의 일환으로 유교윤리 회복을 위한 실천을 통해 유가적 질서 회복을 위하여 자생한 것이 보학과 가전문학 사업이었는데 가문소설은 이러한 배경에서 나타난 것이다. 가문소설의 명칭은 가계소설·연대기소설·세대기소설·가족사소설·가문소설 등으로도 불리며 또한 별전이 연작되는 시리즈 소설이라는 점에서 연작소설 또는 별전소설 등으로도 불렸다.

24-1 가문소설은 정조의 문풍쇄신운동의 일환인 가전문학(家傳文學) 사업을 배경으로 나타났다. ① ② ③

24-2 가문소설은 목적의식이 뚜렷한 소설로 대부분 가문 창달을 목적으로 하고 있다. ① ② ③

24-3 가문소설의 대표적인 작품으로 염상섭의 「삼대」, 최만식의 「태평천하」 등이 있다. ① ② ③

Tip 24-1. 정조의 문풍쇄신운동의 일환으로 보학과 가전문학 사업이 자생하였는데 가문소설은 이러한 배경으로 나타난 것이다.

24-2. 가문소설은 조선 후기의 근대적인 성격을 띠고 있지만 그 중심 내용은 여전히 가문 창달을 목적으로 하고 있다. 또한 정조 이후 붕괴되어 가는 중앙집권화에의 재건과 퇴폐해 가는 강상의 회복을 위한 목적의식이 뚜렷한 소설이다.

24-3. 위 지문을 통해서는 알 수 없다.

Answer ➡ 23-1.③ 23-2.③ 23-3.③ 24-1.① 24-2.① 24-3.③

25

「가곡원류」는 1876년 박효관과 안민영이 편찬한 가집으로 「청구영언」·「해동가요」와 더불어 3대 시조집으로 일컬어진다. 10여종의 이본 가운데 원본에 가깝다고 추정되는 국립국악원 소장본은 표제가 '가사집'이다. 이본에 따라 청구영언·청구악장·해동악장·화원악보 등의 이칭이 있다. 「가곡원류」의 본편은 남창부 665수, 여창부 191수로 총 856수의 시조작품을 싣고 있으며 작품 배열은 오로지 곡조에 따라 30항목으로 분류하였고 작가의 신분차이나 연대순 등은 전혀 고려하지 않았다. 또한 이름이 알려진 작가와 무명씨의 작품도 곡조에 따라 뒤섞여 있는데 다만 작가가 밝혀진 작품은 그 끝에 작가의 성명과 함께 간단한 약력을 소개하였다. 수록작가의 연대적인 범위는 고구려의 을파소에서부터 조선 고종 때의 안민영에 이르기까지 다양하며 작가의 신분계층도 위로는 열성에서 명공석사·기녀에 이르기까지 폭넓게 다루고 있다. 「청구영언」이나 「해동가요」가 시조문학의 중간보고서라면, 이 「가곡원류」는 그 총결산보고서라고 할 만한데 이는 이 책이 편찬된 직후 우리의 전통문학을 잇는 이른바 신문학의 새 물결이 밀어닥쳐 왔기 때문이다. 특히 「가곡원류」는 이본이 10여종이나 될 정도로 그 유포가 광범위하고 각 작품의 파트를 구비한 시조집의 전범이 될 수 있다.

25-1 「가곡원류」는 약 10여종의 이본이 있으며 그 중에서 원본에 가깝다고 추정되는 것은 현재 국립국악원에서 소장하고 있다. ① ② ③

25-2 「가곡원류」는 이름이 알려진 작가와 무명씨의 작품을 곡조에 따라 분명하게 구분하고 있다. ① ② ③

25-3 「가곡원류」는 시조문학의 중간보고서 성격을 띠며 「청구영언」·「해동가요」와 더불어 3대 시조집으로 일컬어진다. ① ② ③

(Tip) 25-1. 「가곡원류」는 약 10여종의 이본이 전할만큼 그 유포가 광범위하고 그 중에서 원본에 가깝다고 추정되는 국립국악원 소장본은 표제가 '가사집'이다.
25-2. 「가곡원류」는 이름이 알려진 작가와 무명씨의 작품도 곡조에 따라 뒤섞여 있는데 다만 작가가 밝혀진 작품은 그 끝에 작가의 성명과 함께 간단한 약력을 소개하였다.
25-3. 「가곡원류」는 「청구영언」·「해동가요」와 더불어 3대 시조집으로 일컬어지며 시조문학의 총결산보고서라고 할 만하다.

26

가전체소설은 어떤 사물이나 동물을 의인화하여 그 일대기를 사전정체의 형식에 맞추어 허구적으로 입전한 소설로 허구된 주인공의 행적을 통해서 사람들에게 감계(지난 잘못을 거울로 삼아 다시는 잘못을 되풀이하지 아니하도록 하는 경계)를 주는 것이 목적이므로 매우 풍자적인 문학형식이다. 가전의 특징은 주인공이 의인화된 사물이기 때문에 그 가계와 행적을 사실에 가탁하기 위해 많은 고사를 이끌어 낸다는 점과 평결부에서 사관의 말을 통하여 강한 포폄의식(옳고 그름이나 선하고 악함을 판단하여 결정하는 의식)을 보여 줌으로써 사람들에게 감계를 주려고 한다는 점을 들 수 있다. 가전은 중국 사마천의 「사기」 중 열전이 그 뿌리라 할 수 있으며 중국 한유의 「모영전」이 최초의 작품으로 알려져 있다. 우리나라에서는 고려 중기 임춘의 「국순전」 이후에 흔하게 제작되었다.

26-1 가전체 작품 중 최초의 작품은 중국 사마천의 「사기」 중 열전에 들어 있는 「모영전」이다.
① ② ③

26-2 가전은 주인공이 의인화된 사물이기 때문에 평민들이 접하기 쉬운 일화로 구성되어 있다.
① ② ③

26-3 통일신라시대 설총이 지은 「화왕계」 또한 일종의 가전체 작품이라 할 수 있다. ① ② ③

(Tip) 26-1. 가전은 중국 사마천의 「사기」 중 열전이 그 뿌리라 할 수 있으며 중국 한유의 「모영전」이 최초의 작품으로 알려져 있다.
26-2. 가전의 특징 중 하나는 주인공이 의인화된 사물이기 때문에 그 가계와 행적을 사실에 가탁하기 위해 많은 고사를 이끌어 낸다는 점이다.
26-3. 위 지문을 통해서는 알 수 없다.

Answer → 25-1.① 25-2.② 25-3.② 26-1.② 26-2.② 26-3.③

27

> 계급문학은 일명 프롤레타리아문학, 프로문학이라고도 하며 주로 노동자, 농민 등 무산계급의 해방을 목적으로 삼는 계몽적 성격의 문학을 일컫는데 마르크스주의문학론에 바탕을 두고 있으며 러시아혁명 이후 세계적인 문학운동이 되었다. 한국의 계급문학은 일본을 통한 사회주의 문학운동의 수용에서 출발하였는데 당시 식민지라는 현실에서 민족의 해방과 민중의 해방을 동시에 이루어야 하는 과제를 안고 있어서 사회주의 이념의 추상적 논쟁이 강했던 일본에 비해 민족해방운동의 성격을 강하게 띠고 있었다. 또한 한국의 계급문학은 신경향파 문학이라는 이름으로 1922, 3년경부터 우리 문학사에서 제기되기 시작하는데 그 시발은 김기진의 일련의 글에서 비롯되었다. 우리나라는 김기진, 박영희 등이 주도했던 신경향파문학에서 출발하여 1925년 카프 결성을 계기로 본격적인 계급문학 시대를 열게 된다. 조선 프롤레타리아 예술가동맹의 약칭 카프(KAPF)는 문학도 프롤레타리아 해방에 이바지해야 한다는 목적으로 조직된 문예운동단체이며 1935년 해체될 때까지 계급문학의 중심이 되었다.

27-1 한국의 계급문학은 일본을 통해 들어왔으며 따라서 각 작품에는 당시 일본의 계급문학이 추구하던 사회주의 이념의 추상적 논쟁이 강하게 나타났다. ① ② ③

27-2 조선 프롤레타리아 예술가동맹은 카프(KAPF)와 함께 1925년부터 약 10년 동안 한국 계급문학의 중심이 되었다. ① ② ③

27-3 계급문학은 주로 노동자, 농민 등 무산계급의 해방을 목적으로 삼는 계몽적 성격의 문학을 말한다. ① ② ③

(Tip)
  27-1. 한국의 계급문학은 일본을 통해 들어왔지만 당시 식민지라는 현실에서 민족의 해방과 민중의 해방을 동시에 이루어야 하는 과제를 안고 있어 일본에 비해 민족해방운동의 성격을 강하게 띠고 있었다.
  27-2. 조선 프롤레타리아 예술가동맹의 약칭이 곧 카프(KAPF)이다.
  27-3. 계급문학은 일명 프롤레타리아문학, 프로문학이라고도 하며 주로 노동자, 농민 등 무산계급의 해방을 목적으로 삼는 계몽적 성격의 문학을 일컫는다.

28

> 「가례원류」는 조선 후기의 학자이자 문신인 유계가 「가례」에 관한 여러 글을 분류하고 정리한 책으로 현재 규장각에 보관되어 있다. 이 책은 「가례」의 본문을 기본으로 삼았고 삼례(주례·의례·예기)에서 관계되는 사항을 뽑아서 주석으로 삼아 이를 '원'이라 하고 주희 이후 여러 학자들의 사례에 관한 예절을 나누어 모아 '유'라 하였다. 이는 「가례」의 연원과 그 발달을 비교하고 고찰하여 가례의 본질과 그 전개과정을 이해하는 데 참고가 되게 하기 위함이었다. 「가례원류」는 사례의 발달과정을 항목별로 이해하는 데에는 많은 참고가 되지만 여러 고전에서 관계사항을 발췌하여 엮은 것일 뿐 엮은이의 주장이 전혀 없어 조선시대 노소분쟁의 한 쟁점이 되었다는 데에 오히려 비중이 있다고 하겠다.

28-1 「가례원류」는 그 편술자를 누구로 하느냐에 대한 시비로 인해 당시 노론과 소론의 분쟁의 한 쟁점이 되었다. ① ② ③

28-2 「가례원류」는 사례의 발달과정을 항목별로 이해하는 데 많은 참고가 될 뿐만 아니라 엮은 이의 주장까지 자세하게 서술되어 있어 역사적으로 중요한 위치에 있다. ① ② ③

28-3 「가례원류」는 조선 후기에 펴낸 책으로 규장각에 보관되어 있다가 현재는 국립중앙도서관으로 옮겨졌다. ① ② ③

 28-1. 위 지문을 통해서는 알 수 없다.
28-2. 「가례원류」는 사례의 발달과정을 항목별로 이해하는 데 많은 참고가 되지만 여러 고전에서 관계사항을 발췌하여 엮은 것일 뿐 엮은이의 주장은 전혀 없다.
28-3. 「가례원류」는 조선 후기의 학자이자 문신인 유계가 「가례」에 관한 여러 글을 분류하고 정리한 책으로 현재 규장각에 보관되어 있다.

29

계급이란 보통 사회적 이해관계의 차이에서 비롯된 대립적인 사회집단을 지칭하는 개념으로 사용된다. 고전적 개념은 생산관계에서 재산의 소유와 비 소유, 또는 지배와 종속의 관계에 바탕을 두고 계급을 파악하고 있지만 오늘날에 와서는 계급의 개념을 이러한 경제적 생산관계 뿐만 아니라 정치적 권력관계나 사회적 역할관계에 의해서 파악하려는 경향이 있다. 이러한 측면에서 볼 때 한 사회의 계급관계는 결국 사회구성원의 이해관계의 차이에서 비롯되는 것이라고 볼 수 있으며 이해관계의 차이에서 파악되는 계급의 개념은 결국 자본주의적 사회발전에 따라 생성된 개념이다. 일반적으로 계급을 자본가계급과 노동자계급, 지배계급과 피지배계급, 또는 부르주아와 프롤레타리아같이 대립적인 집단으로 구별하는 것은 고전적 개념이다. 그러나 오늘날 사회구조의 변동으로 말미암아 이러한 구분 외에 중산층, 프티 부르주아 또는 중간 계급의 개념을 추가하는 경향이 있다. 우리나라에서 사회계급 개념이 발생한 것은 자본주의가 발달한 데서 비롯되었다. 우리나라 자본주의 발전의 맹아를 조선 후기에서 찾으려는 학자도 있지만, 일반적으로 자본주의적 생산관계와 역할관계가 심화된 것은 일본의 식민지가 됨으로써 식민지 자본주의를 경험하게 되면서부터이다.

29-1 일반적으로 계급을 대립적인 집단으로 구별하는 것은 오늘날의 개념이다. ① ② ③

29-2 우리나라에서 자본주의적 생산관계와 역할관계가 심화된 것은 일본의 식민지가 된 이후 식민지 자본주의를 경험하게 되면서부터이다. ① ② ③

29-3 오늘날에는 계급의 개념을 경제적 생산관계 뿐만 아니라 정치적 권력관계나 사회적 역할관계에 의해서 파악하려는 경향이 있다. ① ② ③

 Tip

29-1. 일반적으로 계급을 대립적인 집단으로 구별하는 것은 고전적 개념이다.

29-2. 우리나라에서 일반적으로 자본주의적 생산관계와 역할관계가 심화된 것은 일본의 식민지가 됨으로써 식민지 자본주의를 경험하게 되면서부터이다.

29-3. 오늘날에 와서는 계급의 개념을 이러한 경제적 생산관계 뿐만 아니라 정치적 권력관계나 사회적 역할관계에 의해서 파악하려는 경향이 있다.

30

1990년대에 형성된 러시아 극동 지역의 새로운 고려인 거주지인 고려인 정착촌은 소련이 해체되면서 중앙아시아에 거주하던 고려인이 연해주 일대로 이주하여 정착한 마을로, 고려인이 새로 정착한 특정 지역을 뜻하는 용어로도 사용되었다. 일찍이 중앙아시아 지역에 거주하고 있던 고려인들은 달라진 언어 환경의 변화와 체제 전환 속의 경제적 어려움, 그리고 계속된 민족 차별로 인해 오래 전부터 이미 유럽과 가까운 러시아의 여러 지역은 물론, 남부 러시아와 우크라이나 등지로 이주하기 시작했는데 1991년 소련이 해체될 즈음해서는 러시아 극동지역으로도 이주하려고 한 것이다. 이곳은 러시아어를 모국어로 사용하는 고려인들에게 언어 문제의 어려움을 겪지 않아도 되는 지역이면서 동시에 부모가 태어나 자란 곳이자 강제 이주로 인한 고향의 향수를 풀어줄 수 있는 지역이기도 하여 자연히 중앙아시아 지역에 거주하던 고려인들은 개인적으로 연해주로 이주하여 새로운 터전을 닦았고, 그 뒤에도 일부 고려인들이 개인 사업을 통해 연해주 지역으로 이주하였다. 하지만 이주환경은 생각보다 나빠서 직장, 주택, 자녀 교육 등에서 여러 문제가 발생하였는데 특히 주택 문제가 가장 큰 걸림돌이었다.

30-1 중앙아시아 지역에 거주하고 있던 고려인들은 오래 전부터 러시아의 여러 지역은 물론, 남부 러시아와 우크라이나 등지로 이주하기 시작했다. ① ② ③

30-2 러시아 극동지역으로 이주한 고려인들을 위해 우리나라는 정부차원에서 이들에게 한국형 단독주택을 건설해 주고 있다. ① ② ③

30-3 러시아 정부에서는 극동지역으로 이주한 고려인들에게 러시아 국적을 쉽게 내주지 않아 이들과 빈번한 마찰을 일으키고 있다. ① ② ③

 30-1. 중앙아시아 지역에 거주하고 있던 고려인들은 달라진 언어 환경의 변화와 체제 전환 속의 경제적 어려움, 그리고 계속된 민족 차별로 인해 오래 전부터 이미 유럽과 가까운 러시아의 여러 지역은 물론, 남부 러시아와 우크라이나 등지로 이주하기 시작했다.
30-2. 위 지문을 통해서는 알 수 없다.
30-3. 위 지문을 통해서는 알 수 없다.

31

강강술래는 전라남도 서남해안지방에서 전승되는 민속놀이로 중요무형문화재 제8호이다. 주로 해남·완도·무안·진도 등 전라남도 해안일대에서 성행되어 온 이 놀이는 노래와 무용 그리고 놀이가 혼합된 부녀자들의 놀이로 주로 추석날 밤에 행해지며 정월대보름날 밤에 하기도 한다. 명칭은 '강강수월래' 또는 한자로 '强羌水越來(강강수월래)'로 표기하는 일도 있으나 '강강술래'가 일반적이다. 그러나 진양조로 느리게 노래를 부를 때는 '강강수월래'로 길게 발음된다. 기원에 대해서는 여러 설이 전하고 있는데 그 중 대표적인 것은 이순신과 관련되어 있다. 임진왜란 당시 이순신이 해남 우수영에 진을 치고 있을 때 적군에 비하여 아군의 수가 매우 적자 이순신은 마을 부녀자들을 모아 남자차림을 하게하고 옥매산 허리를 빙빙 돌도록 하였다. 바다에서 이를 본 왜병은 이순신의 군사가 한없이 계속해서 행군하는 것으로 알고 미리 겁을 먹고 달아났다고 한다. 이런 일이 있은 뒤로 근처의 마을 부녀자들이 서로 손을 잡고 빙빙 돌면서 춤을 추던 관행이 강강술래로 정착되었다는 것이다. 따라서 강강술래의 기원은 이순신의 창안에서 비롯되었다는 주장이 있다. 그러나 강강술래는 원시시대의 부족이 달밤에 축제를 벌여 노래하고 춤추던 유습(풍습)에서 비롯된 민속놀이라고 보는 것이 타당하다. 고대로부터 우리나라 사람들은 달의 운행원리에 맞추어 자연의 흐름을 파악하였고 따라서 우리나라 세시풍속에서 보름달이 차지하는 위치는 가장 중요한 것이었기 때문이다. 즉, 달이 가장 밝은 추석날이나 정월대보름날이면 고대인들은 축제를 벌여 춤과 노래를 즐겼고 이것이 정형화되어 강강술래로 전승된 것으로 보는 것이 합리적이다.

31-1 강강술래는 그 기원에 대해 여러 설이 있지만 그 중에서 가장 타당한 것은 임진왜란 당시 이순신과 관련된 설이라 할 수 있다. ① ② ③

31-2 강강술래는 주로 전라남도 해안일대에서 성행되어 온 민속놀이로 현재 중요무형문화재 제8호로 지정되어 있다. ① ② ③

31-3 한자로 '强羌水越來(강강수월래)'로 표기하고 이를 '강한 오랑캐가 물을 건너온다.'라고 해석하는 것은 이순신과 관련된 일화에서 비롯되었다. ① ② ③

 31-1. 강강술래는 그 기원에 대해 여러 설이 있지만 그 중에서 가장 타당한 것은 원시시대의 부족이 달밤에 축제를 벌여 노래하고 춤추던 유습(풍습)에서 비롯된 민속놀이라고 보는 것이다.

31-2. 강강술래는 주로 해남·완도·무안·진도 등 전라남도 해안일대에서 성행되어 온 민속놀이로 중요무형문화재 제8호이다.

31-3. 위 지문을 통해서는 알 수 없다.

32

콩으로 메주를 쑤어 소금물에 담근 뒤 그 즙액을 달여서 만든 장을 간장이라고 하는데 이것은 음식의 간을 맞추는 기본양념으로 짠맛·단맛·감칠맛 등이 복합된 독특한 맛과 함께 특유의 향을 지니고 있다. 간장은 농도에 따라 진간장·중간장·묽은간장으로 나눌 수 있다. 이것은 각각 짠맛·단맛의 정도와 빛깔이 다르므로 음식에 따라 쓰이는 용도가 각기 다르다. 담근 햇수가 1~2년 정도 되는 묽은 간장은 국을 끓이는 데 쓰이고 중간장은 찌개나 나물을 무치는 데 쓰이며 담근 햇수가 5년 이상 되어 오래된 진간장은 달고 가무스름하여 약식이나 전복초 등을 만드는 데 사용되었다. 예로부터 간장 담그는 일은 가정의 중요한 연중행사로 여겨져 메주 만들기·메주 띄우기·장 담그기·장 뜨기 등의 행사가 초겨울부터 이듬해 초여름까지 계속되었고 간장 맛이 좋아야 음식 맛을 낼 수 있다 하여 장을 담글 때는 반드시 길일을 택하고 부정을 금하였으며 재료의 선정 때는 물론이고 저장 중의 관리에도 세심한 주의를 기울였다. 이러한 간장은 고구려 고분인 안악3호분의 벽화에 우물가에 장독대가 보이고 「삼국사기」에는 683년(신문왕 3)에 왕비 맞을 때의 폐백품목으로 간장과 된장이 기록되어 있는 것으로 미루어 삼국시대에 이미 장류가 사용되었음을 알 수 있다. 그리고 「고려사」 식화지에는 1018년(현종 9)에 거란의 침입으로 굶주림과 추위에 떠는 백성들에게 소금과 장을 나누어 주었다는 기록과 함께 1052년(문종 6)에는 개경의 굶주린 백성 3만 여명에게 쌀·조·된장을 내렸다는 기록이 있어 고려시대에는 이미 장류가 일반 백성들의 기본식품으로 자리 잡았음을 알 수 있다. 간장은 또한 부종이 일어나지 않게 하고 기력을 유지하는 데 효과가 있다 하여 「구황촬요」·「구황절요」 등 구황식품서에도 콩 대용으로 콩잎을 이용한 흉년기의 장제조법을 자세하게 기록하였다.

32-1 고구려 고분인 '안악3호분'의 벽화나 「삼국사기」의 기록으로 미루어 볼 때 삼국시대 때 간장은 지배층들만 접할 수 있는 귀한 음식이었음을 알 수 있다. ① ② ③

32-2 간장은 크게 진간장·중간장·묽은간장으로 나눌 수 있는데 이 중 국을 끓이는 데 사용된 간장은 묽은 간장이다. ① ② ③

32-3 예로부터 우리 선조들은 장 담그는 일을 가정의 중요한 연중행사로 여겨 이와 관련된 메주 만들기·메주 띄우기·장 담그기·장 뜨기 등의 행사는 반드시 정월대보름 전후로 실시하였다. ① ② ③

 Tip 32-1. 위 지문을 통해서는 알 수 없다.
　　32-2. 간장은 농도에 따라 진간장·중간장·묽은간장으로 나눌 수 있고 이 중 담근 햇수가 1~2년 정도 되는 묽은 간장은 국을 끓이는 데 사용되었다.
　　32-3. 예로부터 간장 담그는 일은 가정의 중요한 연중행사로 여겨져 메주 만들기·메주 띄우기·장 담그기·장 뜨기 등의 행사가 초겨울부터 이듬해 초여름까지 계속되었다.

Answer↳ 31-1.② 31-2.① 31-3.③ 32-1.③ 32-2.① 32-3.②

33

「가례도감의궤」는 조선시대 국혼의 절차를 기록한 책으로 임금이나 세자·세손의 혼사가 있을 때 가례도감을 설치하여 모든 일을 거행하게 하고 그 기록을 책으로 엮어 훗날의 전거로 남긴 것이다. 여기에는 국혼을 거행함에 따른 전교·계사·문첩과 경비의 수지, 물수의 실입 등을 빠뜨림 없이 적고 국혼의 모든 절차를 기록함과 동시에 채색한 행렬도를 곁들이고 있어 궁중혼속을 살피는 데 중요한 자료가 된다. 특히 상의원에서 옷을 만들어 진상한 기록은 옷의 종류와 옷감의 내역을 자세히 밝히고 있어 당시의 복식 연구의 귀중한 자료가 되고 있다. 현재 남아 있는 「가례도감의궤」 중 가장 오래된 것은 소현세자 가례 때의 것으로 옷을 태반이나 줄였다는 기록이 옷가지별로 적혀 있다. 역대 「가례도감의궤」는 의궤를 바탕으로 한 「국혼정례」·「상방정례」, 그때그때의 물품과 금전의 소입(所入:무슨 일에 든 돈이나 재물)을 적은 「궁중발기」와 대조함으로써 궁중의 혼인예식·복식생활의 실상을 밝히는 자료가 된다. 그러한 역대 「가례도감의궤」에서 보면 궁중복식은 조선시대 동안 큰 변화가 없었으며 조선 초기의 예제에 비추어서도 크게 벗어난 것이 없다. 현재 규장각 도서에 1627년(인조 5)~1906년의 279년 동안에 있었던 국혼 중 20건의 기록 29책이 있으며 장서각 도서에는 그 중 11건의 기록 14책이 따로 있다.

33-1 「가례도감의궤」는 조선시대 궁중혼속은 물론 당시의 복식을 연구함에 있어서도 귀중한 자료가 되고 있다. ① ② ③

33-2 현재 남아 있는 「가례도감의궤」 중 가장 오래된 것은 봉림대군 가례 때의 것이다. ① ② ③

33-3 현재 우리나라에 소장되고 있는 조선시대 「가례도감의궤」는 2011년 프랑스에서 반환된 것이다. ① ② ③

(Tip) 33-1. 「가례도감의궤」에는 당시 국혼을 거행함에 있어 진행되었던 모든 일들과 자료들을 글과 그림으로 빠짐없이 기록하고 있어 조선시대 궁중혼속은 물론 당시의 복식을 연구하는데 귀중한 자료로 쓰이고 있다.
33-2. 현재 남아 있는 「가례도감의궤」 중 가장 오래된 것은 소현세자 가례 때의 것이다.
33-3. 위 지문을 통해서는 알 수 없다.

34

가계조사는 가계의 경제 상태 및 생활수준의 변동 상황을 파악하기 위하여 가계수입과 가계지출을 세부 항목별로 조사하는 것으로 이 자료는 국민의 생활수준 및 소비생활 실태를 파악하게 해 주며 국가가 소비자물가지수를 산출하거나 임금정책·사회보장제도 등을 수립하는 데 기초 자료로 쓰이고 있다. 우리나라 가계조사의 시초는 1951년 한국은행에서 전시 중의 국민 소비 수준을 측정하기 위하여 부산의 60가계를 대상으로 조사한 것이 최초이다. 이어 1954년에는 서울의 근로자 100가계를 대상으로 조사하였으며 이는 1959년까지 계속되었다. 하지만 이러한 조사는 그 조사대상이 극히 일부 근로자에 국한되었고 표본 선출 과정에도 객관성이 결여되어 있었으므로 1960년에는 조사대상을 선정하는 방법을 개선하여 실행하였고 1990년부터는 통계청에서 실시하여 매년 「한국통계연감」·「도시가계연보」 등에 발표하고 있다.

34-1 현재 우리나라 가계조사는 통계청에서 실시하고 있으며 통계청은 이렇게 얻은 자료를 2년마다 「한국통계연감」·「도시가계연보」 등에 발표하고 있다. ① ② ③

34-2 우리나라 최초의 가계조사는 한국전쟁 중인 1951년 한국은행에서 부산의 60가계를 대상으로 조사한 것이다. ① ② ③

34-3 현재 가계조사를 하는데 들어가는 세부 항목은 총 9가지이다. ① ② ③

(Tip) 34-1. 통계청은 매년 「한국통계연감」·「도시가계연보」 등에 발표하고 있다.
34-2. 우리나라 가계조사의 시초는 1951년 한국은행에서 전시 중의 국민 소비 수준을 측정하기 위하여 부산의 60가계를 대상으로 조사한 것이 최초이다.
34-3. 위 지문을 통해서는 알 수 없다.

Answer ⟶ 33-1.① 33-2.② 33-3.③ 34-1.② 34-2.① 34-3.③

35

「개벽」은 1920년에 창간된 월간 종합 잡지로 천도교 조직사업의 일환으로 발행했던 잡지임에도 불구하고 종교·사상·정치·경제·산업·역사·천문·지리·문학·미술·음악·제도·기술·풍속·풍물·인물·시사 등을 여러 분야를 아우르고 있으며 이와 함께 현란하고 화려한 광고들을 담고 있어 1920년대 당시 유통되는 상품 내지 근대문물 전체에 관심을 갖고 있을 정도로 종합지적인 개방성을 보였다. 그리고 이를 통해 성공적으로 대중에게 다가설 수 있었다. 특히 「개벽」은 1920년대 당시 계급주의적 경향문학을 지향하던 신경향파 초기의 작가들을 많이 배출하여 지면의 3분의 1에 달하는 문예면에 그들의 작품을 게재하였는데 김기진·박영희 등의 평론가부터 조포석·현진건·김동인·이상화·염상섭·최서해·박종화·주요섭 등의 문인들이 주로 「개벽」을 통해 작품 활동을 하였고 김유정도 여기에 단편소설 1편을 발표하였다. 그 외에도 노수현·김은호·이상범·오일영·김응원·고희동 등의 그림이 자주 소개되었고 강암·운양·성당·석정·긍제 등의 서예도 소개하였다. 이러한 민족항일기의 「개벽」은 일제의 정책에 항거하여 정간·발행금지·벌금 그리고 발행정지 등의 가혹한 처벌을 감수하면서까지 민족의식 고취에 역점을 둔 1920년대 대표적인 종합잡지였고 뿐만 아니라 문예잡지 못지않게 문학이론의 전개, 문학작품의 발표, 외국문학의 소개, 신인 발굴 등 다각적인 배려를 함으로써 1920년대 문학창달에 기여한 바가 커서 이 시기 문학연구에 귀중한 문헌적 가치를 지니고 있다 할 수 있다.

35-1 현진건은 1920년에 발행된 「개벽」을 통해 문단에 발을 디디게 되었다. ① ② ③

35-2 「개벽」은 종합 잡지임에도 불구하고 1920년대 당시 문학이론의 전개, 문학작품의 발표, 외국문학의 소개, 신인 발굴 등을 게재하여 이 시기 문학연구에 귀중한 문헌적 자료가 되고 있다. ① ② ③

35-3 「개벽」은 기독교 조직사업의 일환으로 발행되었던 잡지이다. ① ② ③

35-1. 위 지문을 통해서는 알 수 없다.

35-2. 「개벽」은 1920년대 대표적인 월간 종합 잡지였고 뿐만 아니라 문예잡지 못지않게 문학이론의 전개, 문학작품의 발표, 외국문학의 소개, 신인 발굴 등 다각적인 배려를 함으로써 1920년대 문학창달에 기여한 바가 커서 이 시기 문학연구에 귀중한 문헌적 가치를 지니고 있다 할 수 있다.

35-3. 「개벽」은 천도교 조직사업의 일환으로 발행되었던 잡지이다.

36

갑인자는 1434년(세종 16)에 주자소에서 만든 동활자로 그보다 앞서 만들어진 경자자의 자체가 가늘고 빽빽하여 보기가 어려워지자 좀 더 큰 활자가 필요하다 하여 1434년 갑인년에 왕명으로 주조된 활자이다. 이 글자는 자체가 매우 해정(글씨체가 바르고 똑똑함)하고 부드러운 필서체로 진나라의 위부인자체와 비슷하다 하여 일명 '위부인자'라 일컫기도 한다. 이 활자를 만드는 데 관여한 인물들은 당시의 과학자나 또는 정밀한 천문기기를 만들었던 기술자들이었으므로 활자의 모양이 아주 해정하고 바르게 만들어졌다. 경자자와 비교하면 대자와 소자의 크기가 고르고 활자의 네모가 평정하며 조판도 완전한 조립식으로 고안하여 납을 사용하는 대신 죽목으로 빈틈을 메우는 단계로 개량·발전되었다. 현재 전하고 있는 갑인자본을 보면 글자획에 필력의 약동이 잘 나타나고 글자 사이가 여유 있게 떨어지고 있으며 판면이 커서 늠름하다. 또 먹물이 시커멓고 윤이 나서 한결 선명하고 아름답다. 이와 같은 이유로 이 활자는 우리나라 활자본의 백미에 속한다. 이와 같이 우리나라의 활자 인쇄술은 세종 때 갑인자에 이르러 고도로 발전하였으며 이 활자는 조선 말기에 이르기까지 여섯 번이나 개주되었다. 후에 개주된 활자와 구별하기 위해 이 시기에 주조된 활자를 특히 초주갑인자라 한다. 그리고 갑인자에 붙여 특기할 것은 이 활자에 이르러 처음으로 한글 활자가 만들어져 함께 사용된 점이다. 만든 해와 자체가 갑인자와 전혀 다르므로 '갑인자 병용 한글 활자' 또는 처음으로 찍은 책의 이름을 따서 '월인석보 한글자'라 한다. 이 한글 활자가 언제 만들어졌는지는 정확히 밝혀지지 않고 있으나 수양대군 등이 세종의 명을 받고 1446년에 죽은 소헌왕후의 명복을 빌기 위해 1447년 7월 석가모니의 일대기를 편찬하여 국역한 「석보상절」과 그것을 세종이 읽고 지었다는 국한문본 「월인천강지곡」이 이 활자로 찍혀졌으므로 세종 무렵에 만들어진 것으로 보인다. 갑인자 한글 활자는 획이 굵고 강직한 인서체인 것이 특징이며 세종이 우리 글자를 제정하고 처음으로 만들어진 것이라는 점에서 그 의의가 크다.

36-1 1434년에 만들어진 갑인자는 우리나라 활자본의 백미에 속한다. ① ② ③

36-2 갑인자에 이르러 처음으로 만들어진 한글 활자의 목적은 세종이 「석보상절」과 「월인천강지곡」을 찍기 위해서였다. ① ② ③

36-3 갑인자는 조선 말기까지 모두 다섯 번에 걸쳐 개주되었다. ① ② ③

(Tip)
36-1. 갑인자는 1434년 갑인년에 왕명으로 주조된 활자로 글자획에 필력의 약동이 잘 나타나고 글자 사이가 여유 있게 떨어지고 있으며 판면이 커서 늠름하다. 또 먹물이 시커멓고 윤이 나서 한결 선명하고 아름답기 때문에 우리나라 활자본의 백미에 속한다.

36-2. 위 지문을 통해서는 알 수 없다.

36-3. 갑인자는 조선 말기에 이르기까지 모두 여섯 번이나 개주되었다.

Answer⟶ 35-1.③ 35-2.① 35-3.② 36-1.① 36-2.③ 36-3.②

37

> 각필구결은 각필을 사용해 종이에 서사된 구결이다. 구결은 훈민정음이 창제되기 이전에 한문 경전을 훈독하거나 현토하는 데 사용된 우리나라 고유의 방법으로 보통 한문 중간 중간에 토를 달아 우리말 어순으로 읽는데 사용하였다. 이러한 구결에 대한 연구는 1970년대 초반까지 주로 조선 후기 자료를 가지고 진행되었으나 이후 불상 복장 유물 중심으로 고려시대 구결이 여러 차례 발견되면서 구결에 대한 연구가 활발해지기 시작하였다. 현재 발견된 각필구결 문헌의 실물은 주로 통일신라시대부터 고려시대 전기의 유물에 집중되어 있다. 그러나 고고학적 발견에 의하면 이미 삼국시대의 백제의 유물에서 각필로 쓴 문헌과 각필이 발견되고 있어 그 연원은 상당히 앞선 것으로 생각된다.

37-1 구결은 크게 각필구결과 묵서구결로 나눌 수 있다. ① ② ③

37-2 현재 전해지는 각필구결 자료 중에는 백제시대 유물도 있다. ① ② ③

37-3 구결은 우리 글자가 생기기 이전에 한문으로 된 책을 읽기 위해 사용한 방식으로 일본에서 건너온 것이다. ① ② ③

 37-1. 위 지문을 통해서는 알 수 없다.

37-2. 고고학적 발견에 의하면 이미 삼국시대의 백제의 유물에서 각필로 쓴 문헌과 각필이 발견되고 있어 그 연원은 상당히 앞선 것으로 생각된다.

37-3. 구결은 훈민정음이 창제되기 이전에 한문 경전을 훈독하거나 현토(懸吐)하는 데 사용된 우리나라 고유의 방법으로 보통 한문 중간 중간에 토를 달아 우리말 어순으로 읽는데 사용하였다.

38

　　각저총은 중국 길림성 집안현 여산에 있는 고구려시대의 벽화고분으로 1935년에 발견되어 일본인 등에 의해 조사되었다. 분구는 방대형으로 밑 둘레 한 변의 길이가 약 15m이고 묘실은 널길, 장방형의 앞방, 통로, 방형의 널방으로 이루어져 있다. 천장 구조는 앞방은 단면 아치형 천장이고 널방은 네 벽 위에 두 단의 평행굄돌을 놓고 다시 그 위에 네 단의 삼각굄돌을 올려놓은 모줄임천장이다. 벽화는 앞방과 널방의 네 벽과 천장에 인물풍속도가 그려져 있는데 배치상태를 보면 앞방과 통로에는 나무와 맹견이 그려져 있고 널방 네 벽 가운데 북벽에는 주인의 실내생활도가, 동벽에는 씨름 그림과 부엌 그림이, 서벽에는 수레와 나무가, 남벽에는 나무가 그려져 있다. 네 벽의 벽화는 무용총의 벽화와 같이 피장자의 생전 생활을 취재한 것이며 필치도 거의 같다. 천장에는 해·달·별이 그려져 있고 불꽃무늬·초롱무늬로 장식되어 있으며 널방 네 벽 모서리에는 목조가옥 구조로 보이게 하기 위해 굽받침이 달린 주두·소루를 가진 나무기둥을 그렸다. 이 벽화고분을 각저총이라고 이름 지은 것은 널방 동벽 중앙으로부터 약간 오른쪽에 그려져 있는 씨름 그림에 의거한 것이다. 이 벽화고분의 추정연대는 앞방이 장방형인 두방무덤이고 인물풍속도를 벽화내용으로 하고 있으며 감실이나 또는 곁간이 있는 벽화고분의 변형구조를 띠고 있는 것으로 보아 고구려시대 중에서도 늦은 시기의 것으로 생각된다. 또 벽화내용에 있어서도 주인공의 실내생활도가 서쪽 벽에 있는 인물풍속도 벽화고분보다 늦은 시기의 것이므로 5세기 말경으로 추정된다. 그러나 이 고분의 벽화에는 사신도가 없는 만큼 감실 또는 곁간이 있는 벽화고분에 비해 연대가 그다지 늦을 수는 없다는 의견도 있어 축조연대를 안악1호분과 같은 4세기 말에서 5세기 초로 추정하는 견해도 있다.

38-1 각저총이란 이름은 이 고분 널방에 그려져 있는 씨름 그림에서 기인한 것이다. ① ② ③

38-2 각저총에는 씨름 그림 외에도 무덤 주인의 실내생활도와 인물풍속도, 사신도 등이 그려져 있다. ① ② ③

38-3 각저총은 1935년에 발견되어 일본인 등에 의해 조사되었는데 이 과정에서 많은 고구려 유물들이 도굴 당하였다. ① ② ③

 38-1. 이 벽화고분을 각저총이라고 이름 지은 것은 널방 동벽 중앙으로부터 약간 오른쪽에 그려져 있는 씨름 그림에 의거한 것이다.
　　　 38-2. 각저총에는 사신도 그림이 없다.
　　　 38-3. 위 지문을 통해서는 알 수 없다.

Answer➟ 37-1.③ 37-2.① 37-3.② 38-1.① 38-2.② 38-3.③

39

　　각염법은 고려 후기 시행된 소금의 전매법으로 소금의 생산과 유통에 관한 권리를 국가기관의 관리 하에 두고 그로부터의 수익을 수취하는 법이다. 각염법이 언제 처음 출현된 것인지는 정확하지 않지만 기록상으로는 고려 후기 충선왕 때부터 실시에 관한 기록이 나타난다. 각염법의 시행은 12·13세기에 이루어진 소금생산의 발전을 배경으로 한 것으로 특히 12세기 이후 증대되고 있던 유민은 소금생산의 발전에 필요한 노동력을 제공하는 사회적 조건으로 작용하였다. 또한 대몽항쟁을 전후해 해도를 중심으로 한 연해지방에는 농토로부터 이탈된 농민들과 피난민들에 의해 새로운 소금산지가 개발되고 있었는데 국가는 각염법의 시행으로 전국의 모든 염분을 국가에 소속시키고 군현민을 징발해 염호로 삼았으며 민부로 하여금 소금의 생산과 유통을 관리하게 하였다. 소금의 생산은 국가가 염호에게 일정한 자립성을 부여해 생산과정을 맡기고 지정한 공염액을 납입시켰다. 생산에 필요한 도구와 경비는 염호가 모두 부담하였으며 한편 유통부문에서는 국가가 염호가 속해 있는 연해 군현의 염창에 공염을 수집해 일부는 당해 군현민에게 판매하고 나머지는 소금이 생산되지 않는 수도와 내륙 군현으로 옮겨 판매하였다. 판매방식은 연해군현과 내륙군현, 그리고 수도의 지역에 따라 각기 달랐는데 어느 경우에나 국가에서 직접 판매를 담당하는 관매법으로서 민간상인의 개업을 철저하게 배제하였다. 이렇게 철저한 통제를 가했던 것은 소금의 생산지가 반도의 3면에 걸쳐 있어 곳곳에서 소금이 생산되기 때문에 사염의 단속이 용이하지 않았을 뿐 아니라 권세가의 세력이 강대해 민간에게 소금의 판매를 맡기는 통상법을 행할 경우 그들에 의한 사염의 제조와 사거래의 위험이 커질 수 있었기 때문이다. 그러나 각염법은 여러 가지 폐단이 노출되어 정상적인 시행을 보지 못하였고 더욱이 철저한 전매제의 시행을 뒷받침할 만큼 국가통제력이 강력하지 못해 시행 뒤 얼마 되지 않아 권호들에 의한 염분의 탈점현상이 나타나 소금의 공급은 더욱 부족하게 되었다. 그리하여 결국 백성의 부담만 가중시키는 결과를 초래하게 되었고 따라서 각염법은 소금의 전매를 통한 국가재원의 확보보다 그와는 무관한 염세라는 명목의 새로운 세원의 신설을 통한 재정확보를 꾀함으로써 각염법이 가지는 본래의 의미를 상실하게 되었다.

39-1　각염법은 고려 후기 충선왕 때 실시한 기록이 나타나는 것으로 보아 충선왕 때 처음 출현하였음을 알 수 있다.　① ② ③

39-2　고려 정부는 국가에서 직접 관매법으로 소금 판매를 담당하여 민간상인의 개업을 철저히 배제하였다.　① ② ③

39-3　각염법은 여러 가지 폐단과 함께 소금 공급의 부족현상으로 고려 멸망과 함께 폐지되고 말았다.　① ② ③

39-1. 각염법이 언제 처음 출현된 것인지는 정확하지 않다.
39-2. 어느 경우에나 국가에서 직접 판매를 담당하는 관매법으로서 민간상인의 개업을 철저하게 배제하였다.
39-3. 위 지문을 통해서는 알 수 없다.

40

삼국시대 가야 영역에서 만들어진 고분들을 통틀어 가야고분이라 한다. 가야는 삼국시대 낙동강 서쪽의 영남지방에 자리하고 있던 여러 정치체의 통칭으로 삼한 가운데 변한의 소국들로부터 발전하였으나 하나의 국가로 통합되지 못한 채 분산적으로 존재하다가 6세기 중엽 신라에 모두 흡수되었다. 이에 따라 가야고분의 중심지도 한 군데가 아니라 여러 곳에 분산적으로 존재하며 대표적인 것으로 금관가야의 중심지인 김해의 대성동고분군, 대가야의 중심지인 고령 지산동고분군, 아라가야의 중심지인 함안 말산리고분군·도항리고분군, 그리고 소가야의 중심지인 고성 송학동고분군 등이 있다. 한편 최근에는 호남 동부지역에서도 가야고분이 조사되어 가야의 영역이 이곳까지 뻗쳐 있었던 것으로 밝혀지고 있다. 가야 고분의 묘제는 덧널무덤으로부터 시작하여 구덩이식 돌덧널무덤으로 변천되었고 말기에는 굴식 돌방무덤도 일부 축조되었다. 그 중에서도 특히 삼한 가운데 변한으로부터 삼국시대 가야로의 전환을 가장 잘 보여주는 대표적인 고분은 김해 대성동고분군의 대형 덧널무덤들이다. 금관가야 국왕의 묘가 분명한 이 대형 덧널무덤들은 3세기 후반부터 대성동고분군에 조영되기 시작하였다. 이들은 앞 시기인 원삼국시대 후기의 직사각형 덧널무덤으로부터 발전한 것이지만 입지와 규모, 부장된 유물의 매납 등에 있어서 이전 시기와는 현격한 차이가 있어 가야고분의 출현을 보여주고 있다. 대성동 29호분은 구릉에 단독으로 입지한 최초의 대형 덧널무덤으로서 지하에 토광을 파고 설치한 덧널 안에서는 순장이 처음으로 확인되었다. 또한 이곳에는 부장품을 매납하기 위한 부곽이 아직 따로 설치되지는 않았지만 피장자의 발치 쪽에 토기를 대량 배치한 부장 공간이 구획되어 있었다. 그리고 그 뒤의 13호분부터는 피장자가 안치된 주곽과 피장자 발치 쪽의 부곽을 각각 따로 토광을 파고 설치하였다.

40-1 보통 원삼국시대라 함은 고구려·백제·신라·가야가 생기기 이전부터 한반도에 정착해 있었던 마한·변한·진한을 일컫는 말이다. ① ② ③

40-2 가야 고분들 중 삼한 가운데 변한으로부터 삼국시대 가야로의 전환을 가장 잘 보여주는 대표적인 고분은 대가야의 김해 대성동고분군의 대형 덧널무덤들이다. ① ② ③

40-3 김해 대성동고분군에서는 순장이 처음으로 확인되었다. ① ② ③

 40-1. 위 지문을 통해서는 알 수 없다.
40-2. 김해 대성동고분군의 대형 덧널무덤들은 금관가야 국왕의 묘이다.
40-3. 대성동 29호분은 구릉에 단독으로 입지한 최초의 대형 덧널무덤으로서 지하에 토광을 파고 설치한 덧널 안에서는 순장이 처음으로 확인되었다.

Answer → 39-1.② 39-2.① 39-3.③ 40-1.③ 40-2.② 40-3.①

41~70 주어진 지문의 읽고 제시된 문장이 지문의 내용과 부합하는 것을 모두 고르시오.

41

> E-R(Entity-Relationship)모델은 실세계의 조직의 의미와 상호작용을 개념적 스키마로 나타내는 데 매우 유용하다. 그러므로 많은 데이터베이스 설계 도구들이 E-R모델의 개념에 기반을 두고 있다. E-R모델은 3가지 기본 개념을 가지고 있는데, 이들은 개체 집합, 관계 집합, 속성이다.
>
> 개체는 실세계에서 다른 모든 객체와 구별되는 유·무형의 사물이다. 예를 들어 대학에서 각 개인은 하나의 개체이다. 개체는 속성들의 집합을 가지며 속성들 중 일부 집합은 개체를 고유하게 구별하기도 한다. 개체는 사람이나 책처럼 구체적인 것일 수도 있고, 수업, 수업분반, 혹은 비행기 예약처럼 추상적인 것일 수도 있다.
>
> 개체는 속성들의 집합에 의해 표현된다. 속성들은 개체 집합의 각 구성원들이 가지는 기술적 특성이다. 어떤 개체 집합에 대해서 속성들을 부여한다는 것은 데이터베이스에는 개체 집합 내의 각 개체와 관련해 비슷한 정보들이 저장되어 있음을 의미한다. 가령, 교수 개체 집합의 가능한 속성은 이름, 학과, 그리고 연봉이다. 그러나 각 개체는 각 속성에 그 자신의 값을 가질 수 있다. 예를 들어 특정 교수 개체는 이름 속성의 값으로 '홍길동'을 가질 수 있고, 학과 속성의 값으로는 '경제학'을 가질 수 있다.
>
> 개체 집합은 같은 속성을 공유하는 같은 유형의 개체들의 집합이다. 예를 들어 어느 대학의 교수인 모든 사람들의 집합은 개체 집합 '교수'로 정의할 수 있다. 비슷하게 개체 집합 '학생'은 대학에 속한 모든 학생들의 집합을 표현할 수 있다. 어떤 '사람' 개체는 '교수' 개체이거나, '학생' 개체이거나, 양쪽 모두, 혹은 양쪽 어느 곳에도 속하지 않을 수 있다.

㉠ 실세계의 조직의 의미와 상호작용을 개념적 스키마로 나타내는데 E-R모델을 사용한다.
㉡ 무형의 사물도 개체가 될 수 있다.
㉢ 교수 개체 집합의 가능한 속성은 '홍길동', '경제학' 등이 있다.
㉣ 속성들은 개체 집합의 각 구성원들이 가지는 기술적 특성이다.

 ㉢ 교수 개체 집합의 가능한 속성은 이름, 학과, 그리고 연봉이며 특정 교수 개체는 이름 속성의 값으로 '홍길동'을 가질 수 있고, 학과 속성의 값으로는 '경제학'을 가질 수 있다.

42

로마와 신라 두 나라에는 많은 부분에서 공통적인 미용문화 특징을 발견할 수 있다. 두 나라 모두 미용문화가 크게 발전하였는데, 이러한 발전의 이유 중 하나는 '여권 신장'에서 찾을 수 있다. 초기 로마사회에서는 결혼과 함께 여인의 재산이 남편 가문에 귀속되어 경제적 독립성이 없었는데 서서히 기혼 여성이 자신의 재산을 독자적으로 운영하게 되었다. 심지어 신라여성은 집안을 대표하거나 가계를 계승하기도 하였다. 바로 이러한 상황 변화로 여인들의 정치적, 사회적, 경제적 권리가 증대하게 되었고, 여성의 활동 영역이 넓어져 미용문화 성장에 큰 영향을 끼쳤음도 당연한 결과라 할 수 있다.

로마와 신라의 미용발전에 영향을 미친 또 다른 큰 이유는, 아름다운 육체에 아름다운 정신이 깃든다는 '영육일치사상(靈肉一致思想)'이라고 할 수 있다. 신라에서는 사회의 지도자로서 미인과 미소년을 뽑는 원화(源花)와 화랑(花郎)제도가 시행되었고, 고대 로마시대에도 육체미를 중요시하였으며 훈련을 통해 날씬한 아름다움을 가꾸려고 노력한 역사적 기록들이 다양하게 있음을 보아 알 수 있다.

㉠ 로마인과 신라인은 아름다운 육체에 아름다운 정신이 깃든다는 사상을 가지고 있었다.
㉡ 로마 사회에서는 여성이 사유재산을 소유할 수 없었다.
㉢ 여성의 권리와 활동이 증가하면서 미용문화의 발전에 기여하게 되었다.
㉣ 고대 로마시대에는 사회의 지도자로 육체미를 중요시 하였다.

 ㉡ 초기 로마사회에서는 결혼과 함께 여인의 재산이 남편 가문에 귀속되어 경제적 독립성이 없었는데 서서히 기혼 여성이 자신의 재산을 독자적으로 운영하게 되었다.
㉣ 고대 로마시대에는 육체미를 중요시하여 훈련을 통해 날씬한 아름다움을 가꾸려 노력한 기록을 찾을 수 있지만 그들이 지도자로서 역량을 갖추었다고 판단했는지는 알 수 없다.

43

평등에 대한 요구는 한 가지를 위한 요구가 아니라 여러 가지를 요구하는 것이고, 사람들은 이 서로 다른 것들의 상대적 가치에 대하여 동의하지 않을 수도 있다. 평등이 안고 있는 이런 복잡성을 명료하게 하는 방법의 일환으로, 평등의 종류를 다섯 가지 범주로 구분할 수 있다. 즉 법적 평등, 정치적 평등, 사회적 평등, 경제적 평등, 그리고 도덕적 평등이다. 이 다섯 가지 분류법은 다소 논란이 있지만, 모두 근대 정치에서 표출된 바 있는 평등에 대한 요구들에 해당한다. 사회적 평등은 다시 두 가지로 나눌 수 있는데, 하나는 지위의 평등(status equality)이고, 다른 하나는 지배의 부재(absence of domination)로서의 평등이다.

㉠ 평등의 실현 위해 규정해야 할 상대적 가치에 일괄적인 동의를 얻기는 어렵다.

㉡ 사회적 평등은 다섯 가지 범주로 분류할 수 있다.

㉢ 평등에 대한 요구는 단일적이다.

㉣ 평등은 지위의 평등과 지배의 평등으로 나눌 수 있다.

 ㉡ 평등의 종류를 다섯 가지 범주로 구분할 수 있다. 즉 법적 평등, 정치적 평등, 사회적 평등, 경제적 평등, 그리고 도덕적 평등이다.

㉢ 평등에 대한 요구는 한 가지를 위한 요구가 아니라 여러 가지를 요구하는 것이다.

㉣ 사회적 평등은 다시 두 가지로 나눌 수 있는데, 하나는 지위의 평등(status equality)이고, 다른 하나는 지배의 부재(absence of domination)로서의 평등이다.

44

> 공공공간은 개인들의 '공적 삶', 즉 타자와의 마주침이 이루어지는 공간이다. 물론 공적 삶이 구체적 공간을 타자들과 동시에 '점유함'으로써만 성립하는 것은 아니다. 자기 방에서 신문을 보고 TV를 보고 SNS에 접속하는 것 역시 공적 삶이다. 그런데 공공공간은 구체적 공간에서 타자들을 직접 대면하고 마주치는 곳이다. 타자들의 생활을 직접 보고 듣는 공간이고, 타자들이 나를 직접 보고 듣는 공간이다. 같은 공간에 있더라도 타자를 보지 않고 듣지 않을 수도 있다. 자신은 보고 듣지 않지만 자신은 보이고 들릴 수도 있다. 그런 의미에서 공공공간은 공적 삶과 사적 삶이 선택적으로 공존하고 중첩하는 곳이기도 하다.

㉠ 공적 삶이란 구체적 공간을 타인과 동시에 '점유함'으로써 성립된다.

㉡ SNS는 가상공간이지만 그것에 접속하는 행위는 공적 삶이다.

㉢ 공공공간에서는 원하지 않아도 타자에 대해 보고 들어야 한다.

㉣ 공공공간은 공적 삶과 사적 삶이 선택적으로 공존하고 중첩하는 곳이다.

 ㉠ 공적 삶이 구체적 공간을 타자들과 동시에 '점유함'으로써만 성립하는 것은 아니다.
　　　㉢ 공공공간은 구체적 공간에서 타자들을 직접 대면하고 마주치는 곳이지만 같은 공간에 있더라도 타자를 보지 않고 듣지 않을 수도 있다. 자신은 보고 듣지 않지만 자신은 보이고 들릴 수도 있다.

Answer ➔ 43.㉠ 44.㉡㉣

45

> 조선 시대 사대부들이 장거리 여행에 가장 많이 이용한 교통수단은 말이었다. 여행에 말을 이용하면 도보보다 훨씬 힘이 덜 들고, 더 먼 거리를 이동할 수 있었다. 남효온, 권업, 박성원 등의 『금강산 유산기』에는 하루 이동거리가 비교적 상세하게 기록되어 있는데, 하루에 대개 평탄한 길에서는 90리 내외, 산길에서는 60리 내외를 이동하였다. 조선 시대에는 말이 상당히 비싸서 소유하지 못한 사대부들이 적지 않았으며, 이들이 유람에 나설 때에는 말을 빌려 타야 하였다. 권복이 1828년 평안도로 귀양 가면서 작성한 『서정일록(西征日錄)』에서는 송도 말을 1박 2일 빌리는 데 3냥, 서흥 말을 3박 4일 빌리는 데 6냥을 사용하였으며, 당시 짚신 한 켤레에 4~6푼, 한 끼 식사에 1전을 지불하였다고 기록하고 있다. 당시 10푼이 1전, 10전이 1냥이었으므로, 다른 물가와 비교해 볼 때 말을 빌리는 데 아주 많은 비용이 소요되었음을 짐작할 수 있다.

㉠ 사대부들은 대부분 말을 소유하고 있었다.

㉡ 말은 사대부들의 장거리 여행 시 주된 교통수단이었다.

㉢ 『서정일록』의 기록에 따르면 한 끼 식사에 비해 송도의 1박 2일 말 대여비는 30배 정도 비쌌다.

㉣ 남효온, 권업, 박성원 등은 유람에 나설 때에는 말을 빌려 타야 했다.

(Tip) ㉠ 조선 시대에는 말이 상당히 비싸서 소유하지 못한 사대부들이 적지 않았다.

46

일상적인 비평 행위는 대개 두 가지 방식으로 이루어진다. 먼저 하나는 직접적인 방식인 말로 이루어지는 방식이다. 텔레비전을 보며 가족들과 함께 프로그램에 대해 촌평을 하는 것 등이 이에 해당한다. 이때 사람들은 적극적으로 프로그램에 대해 의견을 제시하고 평가를 내린다. 논리의 짜임새나 이야기의 형식이 다소 어설프기는 해도 기본적으로 그런 활동은 비평가들의 활동과 크게 다르지 않다. 초보적인 방식이기는 하나 그들은 자신들이 본 프로그램에 대해 분석을 하고 있는 것이다. 그러나 비평 활동이 꼭 그런 직접적인 방식으로만 이루어지는 것은 아니다. 우리는 프로그램 시청 도중에 딴 짓을 한다든지, 채널을 이리저리 돌리기도 하고, 때로는 그와 반대로 주변 사람들을 조용히시키며 프로그램에 몰입할 때도 있다. 거의 무의식적인 수준에서 이루어지는 것이기는 하지만 실상 이런 행위들 모두 비평의 범주에 들어갈 수 있다. 프로그램에 대해 일정한 개인적 평가 작업을 수행하고 있다는 점에서 말이다.

㉠ 일상적인 비평 행위는 말 또는 행동으로 이루어진다.

㉡ 한 채널에 집중하지 않는 것 역시 하나의 비평행위라고 할 수 있다.

㉢ 일상적인 비평행위는 논리나 짜임새 면에서 비평가의 활동과 크게 다르지 않다.

㉣ 프로그램에 대한 평가 작업을 수행한다는 점에서 무의식적 수준인 비평 행위도 비평의 범주에 들어간다.

 ㉢ 말로 하는 비평 행위는 논리의 짜임새나 이야기의 형식이 다소 어설프다는 차이점은 있으나 기본적으로 그런 활동은 비평가들의 활동과 크게 다르지 않다고 말하고 있다.

47

국상을 당하면 나라 전체가 슬픔에 휩싸인다. 국왕의 부고를 들으면 종친과 문무백관은 천담복(淺淡服)과 오사모(烏紗帽), 흑각대(黑角帶)를 착용하고 입궐하여 궐내에서 거애(擧哀)했다. 궁궐에 들어가지 못하는 학생이나 서민들은 백의(白衣)와 흑립(黑笠)을 착용하고 궁궐 문밖에서 거애했다. 각 도의 모든 사신과 외관은 국왕의 부고를 들으면 곧바로 정청에 향탁(香卓)을 설치한 뒤 천담복을 입고 오사모를 쓰고 흑각대를 착용하고서 뜰에 나가 사신은 동쪽에, 외관은 서쪽에 자리를 잡고 북쪽을 향해 꿇어앉아 부복하고 곡했다.

제사는 신을 모셔 그 공덕을 찬양하며 감사하고, 즐겁게 한 후 그의 축복을 받는 경사스런 날이므로 죽음의 부정(不淨)한 것을 간직한 채 신 앞에 나아갈 수 없다. 그래서 국왕이 승하하면 나라에서는 대사(大祀), 중사(中祀), 소사(小祀)에 속하는 모든 제사를 중지했고 빈전이 설치된 이후에는 사직에 대한 제사만을 거행했다. 이것은 사직의 토지신과 곡식신이 국왕보다 격이 높기 때문이다. 즉, 낮은 자의 상례 때문에 존귀한 자의 제사를 폐지할 수 없다고 여겼다. 사직 외의 제사들은 졸곡을 지낸 후에 다시 거행했다.

국상 중에는 가례(嘉禮)도 금지되었다. 그 중에 가장 대표적인 것이 혼례의 금지이다. 선비나 서리, 군인이나 백성들은 졸곡이 지난 후에야 결혼을 할 수 있었다. 반면 3품 이하의 관리들은 만 1년 때 거행하는 기제인 소상(小祥) 이후 3일 동안만 차길(借吉)할 수 있었다. 길(吉)함을 빌려 쓴다는 뜻의 차길은, 경사스런 잔치를 할 수 있는 때가 아니지만 부득이하여 잠시 금령을 해제하고 길한 의식을 허용한다는 뜻이다. 하지만 국상 때 지팡이를 짚는 당상관과 2품 이상은 차길이 허용되지 않고 담제 뒤에야 혼례를 거행할 수 있었다.

㉠ 국왕이 승하하면 사직에 대한 제사를 포함한 모든 제사를 중지했다.
㉡ 국상 중에는 모든 가례가 금지되어 누구도 결혼을 할 수 없었다.
㉢ 국상을 당했을 때 종친과 문무백관은 정해진 의복을 착용하고 입궐해야 한다.
㉣ 각 도의 사신과 외관의 행동을 통해 국왕의 부고를 확인 할 수 있었다.

 ㉠ 국왕이 승하하면 모든 제사를 중지했고 빈전이 설치된 이후에는 사직에 대한 제사만을 거행했다. 이것은 사직의 토지신과 곡식신이 국왕보다 격이 높기 때문이다.
㉡ 3품 이하의 관리들은 만 1년 때 거행하는 기제인 소상(小祥) 이후 3일 동안만 차길(借吉)할 수 있었다. 차길은 경사스런 잔치를 할 수 있는 때가 아니지만 부득이하여 잠시 금령을 해제하고 길한 의식을 허용한다는 뜻이다.

48

근대 도시의 문제를 분석하면서 산업화와 함께 논의해야 하는 것은 바로 행정 체계이다. 일찍이 사회학자 막스 베버는 근대화의 중요한 결과로서 관료제의 발전을 이야기한 바 있지만, 그 시스템은 시간이 지나면서 계속 거대해지고 복잡해져 간다. 그리고 전문적인 기능들로 분화되면서 점점 추상화되어간다. 그 결과 시민들의 입장에서 그 운영 원리를 이해하는 것은 더욱 힘들어진다.

그런데 행정과 시민의 거리가 멀어지는 까닭은 행정 체계 그 자체 때문만은 아니다. 개인과 행정 사이를 매개하는 중간집단, 즉 주민들이 자발적으로 협동하면서 만들어 지역의 문제를 논의하고 행동하며, 필요할 때 행정과 교섭하기도 하는 사회적 기반이 점점 약해지기 때문이다. 그러한 공동체의 토대가 없는 상황에서 뿔뿔이 흩어져 있는 개인들에게 행정기구는 낯설고 때로는 두려운 존재로 다가올 수밖에 없는 것이다. 다른 한편으로 시민들의 삶 자체가 파편화되는 것도 거대한 시스템으로부터 개개인이 소외되는 맥락으로 짚어야 할 것이다.

현대 사회에서 행정이 관리하는 지역 내에서 이루어지는 시민들의 삶은 점점 개별화되어간다. 여기서 말하는 개별화란 지역 공동체가 점점 희석되어 주민들 사이의 관계가 옅어지고, 또한 가족 내에서도 가족 구성원들 간의 관계가 약화, 단절되는 것을 말한다. 자아의 고유한 세계를 구축하는 것이 중요해지고 개인적인 것의 가치가 부각되는 것이다. 그럴수록 지역이라는 공간은 시민들에게 의미 있는 사회 영역으로서 의식되거나 체험하기가 어렵게 된다. 주민들의 삶이 개별화될수록 그전까지 지역 커뮤니티나 가족에 의해 충족되어오던 생활 관련 기능들이 점점 공공서비스의 영역으로 들어오고 있다. 예전 같으면 주민들 사이에 그러한 문제를 해결할 수 있는 공동체적 기반이 있었지만, 지금은 그렇지 못하기 때문에 그러한 문제는 행정의 업무로 떠넘겨진다.

㉠ 행정 체계의 개편으로 멀어진 행정과 시민의 거리를 좁힐 수 있다.

㉡ 일찍이 한 사회학자는 근대화의 중요한 결과로서 관료제의 발전에 대해 이야기했다.

㉢ 현대 사회에서 한 행정구역에서 이루어지는 시민의 삶은 점점 개별화되어 간다.

㉣ 시민들의 삶이 개별화될수록 지역이라는 공간의 시민들에게 유의미해진다.

㉠ 행정과 시민의 거리가 멀어지는 까닭은 행정 체계 그 자체 때문만은 아니므로 행정체계의 개편이 해결책이라고 할 수 없다.

㉣ 개별화가 심화될수록 지역이라는 공간은 시민들에게 의미 있는 사회 영역으로서 의식되거나 체험하기가 어렵게 된다.

49

 사실 다른 문학 장르와는 달리 소설이란 그 특유의 문법도 규범도 없기 때문에 많은 사람들이 지난 수세기 동안 소설이 무엇인지 만족할만한 정의를 내리지 못하고 있다. 마르트 로베르는 바로 그러한 점에 착안해서 지금까지 시도된 모든 정의가 왜 불완전한가를 검토하고 그 근본적인 이유를 '사실'과 '꾸며낸 것' 사이의 경계가 불분명한 데서 찾고 있다. 마르트 로베르는 환상소설의 경우 작가 자신이 사실을 쓰고 있지 않다는 것을 의도적으로 밝히고 있기 때문에 '꾸며낸 것'이지만 훨씬 정직한 편이라는 것이고, 사실주의적 소설의 경우 그것이 '사실'에 가깝기는 하지만 꾸며낸 것이기는 마찬가지이므로 오히려 부정직하고 독자를 더욱 속이는 결과를 가져온다는 것이라고 말하고 있다.

 따라서 소설이 '거짓말'인 것은 두 경우 모두 사실인데, 갑자기 문학 장르가 된 소설이 기존의 다른 장르가 가지고 있는 문학적 요소를 무엇이나 자기 것으로 삼고 그리하여 가장 강력한 문학 장르로 등장하게 된 것은 소설이 가지고 있는 제국주의적 성격과 벼락부자의 성격 때문이라고 이야기 한다. 결국은 서민 출신이 출세를 하기 위해서 귀족과 결혼하는 것과 마찬가지로 뒤늦게 문학 장르로 군림하게 된 소설은 끊임없이 잡다한 이야기를 함으로써 자기의 생애를 고쳐 쓰는 심리적 혹은 정신분석학적 거짓말을 만들어낸다는 것이다.

㉠ 소설은 특유의 문법도 규범도 없기 때문에 하나의 장르로 인정받지 못했다.

㉡ 마르트 로베르는 소설은 '사실'과 '꾸며낸 것' 사이의 경계가 불분명하기 때문에 정의하기 어렵다고 말했다.

㉢ 로베르에 의하면 환상소설은 사실을 쓰고 있지 않다는 전제하에 쓰여지므로 정직하기 때문에 꾸며낸 것이라 하기 어렵다.

㉣ 로베르에 의하면 사실주의적 소설은 사실에 가까운 내용을 담고 있기 때문에 환상소설보다 정직하다.

 ㉢ 환상소설의 경우 작가 자신이 사실을 쓰고 있지 않다는 것을 의도적으로 밝히고 있기 때문에 '꾸며낸 것'이지만 훨씬 정직한 편이라고 말했지만 꾸며낸 것이라 하기 어렵다는 것은 아니다.

㉣ 사실주의적 소설의 경우 그것이 '사실'에 가깝기는 하지만 꾸며낸 것이기는 마찬가지이므로 오히려 부정직하다고 말하고 있다.

50

　　모든 대립적인 것이 양극적이라는 개념, 즉 광명과 암흑, 득과 실, 선과 악 등이 동일한 현상의 다른 면에 불과하다는 생각은 동양인의 생활 방식에 있어서 기본적인 원리 중 하나이다. 따라서 일체의 대립적인 것은 상호 의존적이기 때문에 그것들의 투쟁은 결코 어느 한 쪽의 완전한 승리로 끝날 수 없고, 항상 양자 간의 상호 작용을 표출하는 것이다. 그러므로 동양에서 덕이 있는 사람이란 선을 위해 분투하고 악을 소멸시키는 불가능한 과업을 떠맡는 사람이 아니라 오히려 선과 악 사이에 역동적인 균형을 유지할 수 있는 사람이다.

　　이러한 역동적 균형의 개념은 동양의 신비주의에 있어서는 대립적인 것들의 통일이 경험되는 방법상의 요체가 되는 것이다. 그것은 결코 정적인 통일성이 아니라 언제나 두 극단사이의 역동적인 상호 작용이다. 이 점은 중국의 현인들이 원형적 양극을 상징하는 음과 양으로써 철저하게 강조해 왔던 것이다. 그들은 음과 양의 배후에 놓여 있는 통일체를 '도(道)'라고 부르고, 그것을 음양의 상호 작용을 발생시키는 하나의 과정으로서 보았다. "지금 어두움이 되게 하고 또 곧 빛을 나타내 주는 것이 '도'이다.[一陰一陽之謂道]"라는 말이 유사하다

㉠ 동양인의 생활 방식에 있어서 양극성은 기본적인 원리 중 하나이다.

㉡ 일체의 대립적인 것은 결국 하나가 다른 하나에 완전히 굴복할 때 끝이 난다.

㉢ 동양에서 선과 악의 균형을 유지할 수 있는 사람을 덕이 있는 사람이라고 한다.

㉣ 중국의 현인들은 음과 양의 통일체를 '도(道)'라고 불렀다.

　㉡ 일체의 대립적인 것은 상호 의존적이기 때문에 그것들의 투쟁은 결코 어느 한 쪽의 완전한 승리로 끝날 수 없다.

Answer ⟹　49.㉠㉡　50.㉠㉢㉣

51

1976년 대학을 졸업하고 의사가 된 이종욱은 서울의 한 보건소에서 근무하게 된다. 한센병이 여전히 두려움의 대상이던 시절이지만 그는 틈틈이 한센병 요양원을 방문하여 환자들을 돌봤다. 어느 날 응급실에 한센병 환자가 찾아왔다. 다른 의사들은 겁을 먹고 진료를 거부했지만, 이종욱은 한센병 환자를 맞아 기꺼이 진료했다. 이를 계기로 그는 한센병 퇴치 방법을 본격적으로 연구하기 위해 고생을 무릅쓰고 국외로 나아갔다. 한센병 퇴치를 위한 그의 노력은 곧 결실을 맺게 된다. 잠복기의 한센병을 진단하는 도구를 개발하였고, 1983년부터는 세계보건기구(WHO) 한센병 담당 의무관으로 전 세계를 누비게 된다. 그는 의사들에게 효과적인 치료법을 보급하는 동시에 환자에 대한 치료도 게을리하지 않았다. 그는 의료 혜택을 못 받는 사람이 없어야 한다는 생각에 차로 갈 수 없는 오지 마을의 한센병 환자들을 찾기 위해 밀림을 헤쳐 가며 며칠씩 걸었다.

㉠ 이종욱은 1983년까지 세계보건기구 한센병 담당 의무관으로 전 세계를 누볐다.

㉡ 1976년 당시 한센병은 더 이상 두려움의 대상이 아니었다.

㉢ 의사들에게 효과적인 치료법을 보급하는 동안에는 환자에 대한 치료를 중단하였다.

㉣ 이종욱은 잠복기의 한센병을 진단하는 도구를 개발하였다.

 ㉠ 1983년부터는 세계보건기구(WHO) 한센병 담당 의무관으로 전 세계를 누비게 된다.
㉡ 1976년 당시는 한센병이 여전히 두려움의 대상이던 시절이었다.
㉢ 의사들에게 효과적인 치료법을 보급하는 동시에 환자에 대한 치료도 게을리하지 않았다.

52

운석은 초당 10~20km의 엄청난 속도로 지구에 진입한다. 큰 운석은 지구 표면에 커다란 충돌구를 만들고, 사람을 다치게 하거나 건물을 부수기도 하는데, 이는 운석이 떨어지는 속도 때문이다. 운석이 지구 대기에 진입할 때는 저항을 받는데 이때 운석의 크기에 따라 감속되는 정도가 달라진다. 크기가 매우 큰 운석은 거의 초기 속도를 유지한 채 지표에 충돌해 거대한 충돌구를 만든다. 크기가 작은 경우에는 속도가 빨리 줄어 지구 표면에 충돌구를 만들지 못한다.

㉠ 운석이 지구 대기에 진입할 때는 저항을 받는다.

㉡ 크기가 작은 운석은 지구 대기에 진입하여도 초기 속도를 유지한다.

㉢ 빠른 속도로 지표에 충돌하면 거대한 충돌구를 만든다.

㉣ 운석이 지구 표면에 부딪쳐 건물을 부수기도 하는 것은 크기 때문이다.

 ㉡ 크기가 매우 큰 운석은 거의 초기 속도를 유지한 채 지표에 충돌한다. 크기가 작은 운석의 경우에는 속도가 빨리 줄어든다.
㉣ 큰 운석은 지구 표면에 커다란 충돌구를 만들고, 사람을 다치게 하거나 건물을 부수기도 하는데, 이는 운석이 떨어지는 속도 때문이다.

53

여성주의 비평은 기존의 사회 체제가 남성주의적이며 가부장적이라는 인식으로부터 출발한다. 다수의 여성주의 비평가들은 여성이 남성을 배타적으로 대하지 말아야 하며, 여성과 남성이 이 사회에서 서로 평등해야 한다고 생각한다. 왜냐하면 여성과 남성이 각기 다른 성적 역할을 수행하기 때문이다.

㉠ 여성주의 비평은 기존의 사회 체제를 가부장적이라고 인식한다.
㉡ 대부분의 여성주의 비평가들은 남성이 여성을 배타적으로 대하지 말아야 한다고 생각한다.
㉢ 여성주의 비평가들은 여성과 남성이 서로 평등해야 한다고 생각하는 경우가 많다.
㉣ 여성과 남성은 서로 다른 성적 역할을 수행한다.

 ㉡ 다수의 여성주의 비평가들은 여성이 남성을 배타적으로 대하지 말아야 한다고 생각한다.

54

경쟁, 운, 흉내, 일탈은 놀이의 속성이면서 동시에 인간이 형성한 문화의 근간이다. 사람들은 때로는 경쟁하고 운의 논리에 자신을 맡기는 사회 제도를 만들었고, 모방을 통해 예술의 기본 원리를 확립했으며, 신체적 균형과 사회 질서에서 벗어나는 유희와 일탈의 속성을 도입하기도 했다는 것이다. 놀이의 관점으로 인간의 문화를 이해할 때 특정 원리만을 신봉하거나 특정 원리를 배격하지 않아야 한다. 놀이의 네 가지 속성이 상호 작용하여 사회의 각 분야를 형성했고, 각 분야의 역할이 확장된 형태로 어울리면서 각종 예술과 제도가 함께 성숙할 수 있었음을 기억할 필요가 있다.

㉠ 놀이의 네 가지 속성은 별개로 사회의 각 분야를 형성했다.
㉡ 놀이의 관점으로 인간의 문화를 이해할 때 특정 원리를 배격해야 한다.
㉢ 사람들은 창조를 통해 예술의 기본 원리를 확립했다.
㉣ 놀이는 경쟁, 운, 흉내, 일탈이라는 속성을 가진다.

 ㉠ 놀이의 네 가지 속성이 상호 작용하여 사회의 각 분야를 형성했다.
㉡ 놀이의 관점으로 인간의 문화를 이해할 때 특정 원리만을 신봉하거나 특정 원리를 배격하지 않아야 한다.
㉢ 모방을 통해 예술의 기본 원리를 확립했다.

Answer 51.㉣ 52.㉠㉢ 53.㉠㉢㉣ 54.㉣

55

걷기의 장점은 크게 네 가지 측면으로 볼 수 있다. 우선, 신체적인 측면에서는 성인병을 예방하고, 체지방률을 감소시키는 데에 효과가 뛰어나다. 다음으로, 철학적인 측면에 서는 느리게 살면서 세상을 바라보는 눈을 가지게 한다. 끝으로 심리적 측면에서는 마음의 안정을 준다. 그럼 어떻게 걸어야 할까? 첫째, 최소한 하루에 30분 이상 걸어야 한다. 탄수화물이 소비되는 시간인 30분이 지나야 지방이 소비되어 운동의 효과가 나타나기 때문이다. 둘째, 뛰지 말고 걸어야 한다. 뛰기는 걷기와 같은 방법의 유산소 운동이기에 걷기만큼 효과가 있다. 뛰기는 심장에 무리가 갈 수도 있기 때문이다.

㉠ 지방이 소비되는 시간인 30분이 지나야 운동 효과가 나타난다.

㉡ 걷기는 체지방률을 감소시키는 데 효과가 뛰어나다.

㉢ 뛰기는 걷기만큼 효과가 있다.

㉣ 세상을 바라보는 눈을 가지게 하는 것은 걷기의 심리적 장점이다.

 ㉡ 성인병을 예방하고 체지방률을 감소시키는 것은 걷기의 장점이다.
㉢ 뛰기는 걷기와 같은 방법의 유산소 운동이기에 걷기만큼 효과가 있다.
㉠ 탄수화물이 소비되는 시간인 30분이 지나야 지방이 소비되어 운동의 효과가 나타난다.
㉣ 세상을 바라보는 눈을 가지게 하는 것은 걷기의 철학적 장점이다.

56

옥수수, 사탕수수 등을 원료로 하는 바이오 연료는 화석 연료에 비해 에너지 효율은 낮지만 기존의 화석 연료를 대체하는 신재생 에너지로 주목받고 있다. 브라질에서는 넓은 면적의 열대 우림을 농경지로 개간하여 바이오 연료를 생산함으로써 막대한 경제적 이익을 올리고 있다. 하지만 바이오 연료는 생산 과정에서 화학 비료나 농약 등을 과도하게 사용하여 여러 환경 문제를 발생시켰다. 또한 식량 자원을 연료로 사용함으로써 저개발국의 식량 보급에 문제를 발생시켰다.

㉠ 바이오 연료는 화석 연료를 대체하는 신재생 에너지로 주목받고 있다.

㉡ 바이오 연료 생산 과정에서 화학 비료나 농약 등을 과도하게 사용하기도 한다.

㉢ 옥수수, 사탕수수 등은 바이오 연료의 원료가 된다.

㉣ 바이오 연료는 저개발국의 식량 보급에 문제를 발생시켰다.

 모두 주어진 지문과 부합하는 내용이다.

57

질병으로부터 우리 몸을 보호하기 위해 우리 몸은 '비특이적 방어'와 '특이적 면역 반응'을 갖추고 있다. 우리 몸의 피부나 호흡기의 점액 등은 세균이나 바이러스 등이 통과할 수 없게 하는 방어막 역할을 한다. 만약 이 방어가 실패하여 외부 감염원이 우리 몸에 침투하면 백혈구, 식세포, 항균 단백질이 외부 감염원의 종류를 가리지 않고 방어를 하게 된다. 이러한 방어 체계를 비특이적 방어라고 한다. 특이적 면역 반응은 비특이적 방어만으로는 감염원을 성공적으로 물리치지 못하는 경우 일어나는 반응이다. 우리가 흔히 말하는 '면역'은 이 특이적 면역 반응을 가리킨다.

㉠ 일반적으로 '면역'이라고 하면 '비특이적 방어'를 가리킨다.

㉡ 피부는 세균이나 바이러스 등이 통과할 수 없게 하는 방어막 역할을 한다.

㉢ 특이적 면역 반응은 비특이적 방어보다 선행해서 일어나는 반응이다.

㉣ 백혈구, 식세포, 항균 단백질 등은 우리 몸에 침투한 외부 감염원의 종류를 가리지 않고 방어를 한다.

 ㉠ 우리가 흔히 말하는 '면역'은 특이적 면역 반응을 가리킨다.
㉢ 특이적 면역 반응은 비특이적 방어만으로는 감염원을 성공적으로 물리치지 못하는 경우 일어나는 반응이다. 즉, 비특이적 방어가 특이적 면역 반응보다 선행해서 일어나는 반응이다.

Answer➫ 55.㉡㉢ 56.㉠㉡㉢㉣ 57.㉡㉣

58

봉사는 자발적으로 이루어지는 것이므로 원칙적으로 아무런 보상이 주어지지 않는다. 하지만 적절한 칭찬이 주어지면 자발적 봉사자들의 경우에도 더욱 적극적으로 활동하게 된다고 한다. 만일 이러한 칭찬 대신 일정액의 보상을 제공하면 어떻게 될까? 오히려 봉사자들의 동기는 약화된다고 한다. 왜냐하면 봉사에 대해 주어지는 금전적 보상은 봉사자들에게 그릇된 메시지를 전달하기 때문이다. 봉사에 보수가 주어지면 봉사자들은 다른 봉사자들도 무보수로는 일하지 않는다고 생각할 것이고 언제나 보수를 기대하게 된다. 보수를 기대하게 되면 그것은 봉사라고 하기 어렵다. 즉, 자발적 봉사가 사라진 자리를 이익이 남는 거래가 차지하고 만다.

㉠ 적절한 금액의 보상은 봉사자들을 더욱 적극적으로 활동하게 한다.

㉡ 누군가 보수를 기대하고 어떤 일을 한다면 그것은 봉사라고 하기 어렵다.

㉢ 봉사는 자발성을 원칙으로 한다.

㉣ 봉사에 칭찬이 주어지면 봉사자들의 동기는 약화된다.

 ㉠㉣ 적절한 칭찬이 주어지면 자발적 봉사자들의 경우에도 더욱 적극적으로 활동하게 된다. 그러나 칭찬 대신 일정액의 보상을 제공하면 오히려 봉사자들의 동기는 약화된다.

59

동양과 서양의 건축물에는 자연에 대한 사람들의 생각이 녹아 있다. 서양 사람들은 자연을 개발해야 할 대상이라고 생각하지만 우리는 자연의 도움을 받고 산다고 생각한다. 또 서양 사람들은 자연을 극복해야 한다고 생각하지만 우리는 순응해야 한다고 생각한다. 이처럼 자연을 대하는 생각이 틀리기 때문에 건축물의 형태에도 차이가 생긴다. 서양의 건축물은 자연을 극복한다는 의식을 가지고 만들어진 반면에 우리의 전통적인 건축물은 자연과의 조화를 고려하여 지었다.

㉠ 동양 사람들은 자연의 도움을 받고 살지만 극복해야 한다고 생각한다.

㉡ 자연을 대하는 생각은 건축물의 형태에 영향을 미친다.

㉢ 사람들은 건축물에 자연에 대한 생각을 녹여낸다.

㉣ 서양의 건축물은 자연과의 조화를 고려하여 지었다.

 ㉠ 동양 사람들은 자연의 도움을 받고 산다고 생각하며 자연에 순응해야 한다고 생각한다.
㉣ 서양의 건축물은 자연을 극복한다는 의식을 가지고 만들어진 반면에 우리의 전통적인 건축물은 자연과의 조화를 고려하여 지었다.

60

현재 우리나라에서 사용되는 대부분의 지도는 산들의 인접성과, 단층선과 습곡축을 아우르는 지질 구조를 기준으로 산줄기를 나타낸다. 이는 1900년대 초 일본의 한 지질학자가 서구적 관점으로 연구한 결과를 바탕으로 한 것이다. 서구적 관점에서는 산줄기를 '산맥'으로 부르고, 산의 인접성과 지질 구조를 강조하여 강이 사이에 있더라도 하나의 산맥으로 본다. 그래서 지도상에서는 굵은 선으로 표현된 산맥들이 가는 선으로 표현된 강줄기를 지나갈 수도 있다. 그리고 각각의 산맥은 하나의 선으로 표현되지만 다른 산맥과는 연결되지 않고 끊어져 표현되기도 한다. 이 관점에 따른 지도는 '등고선지도'이며, 일제 강점기부터 지금까지 100년 이상 사용되고 있다.

㉠ 현재 우리나라에서 사용되는 대부분의 지도는 동양적 관점으로 연구한 결과를 바탕으로 산줄기를 나타낸다.

㉡ 등고선지도는 각각의 산맥을 하나의 선으로 표현하며 모든 산맥을 끊어짐 없이 연결하여 표현한다.

㉢ 우리나라 지도는 대부분 산줄기를 산들의 인접성과 지질 구조를 기준으로 나타낸다.

㉣ 서구적 관점에 따르면 산줄기 사이에 강이 있더라도 하나의 산맥으로 본다.

㉠ 현재 우리나라에서 사용되는 대부분의 지도는 일본의 지질학자가 서구적 관점으로 연구한 결과를 바탕으로 산줄기를 나타낸다.
㉡ 등고선지도는 산맥을 하나의 선으로 표현하지만 다른 산맥과는 연결되지 않고 끊어져 표현하기도 한다.

Answer▸ 58.㉡㉢ 59.㉡㉢ 60.㉢㉣

61

공연의 질을 좌우하는 중요한 요소 중 하나는 음이 지속되는 잔향 시간이다. 잔향 시간은 음 에너지가 최대인 상태에서 일백만 분의 일만큼의 에너지로 감소하는 데 걸리는 시간을 말한다. 콘서트홀 종류마다 알맞은 잔향 시간이 다르다. 오케스트라 전용 콘서트홀은 청중들이 풍성하고 웅장한 감동을 느낄 수 있도록 잔향 시간을 1.6~2.2초로 길게 설계하고, 오페라 전용 콘서트홀은 이보다는 소리가 덜 울려야 청중들이 대사를 잘 들을 수 있기 때문에 잔향 시간을 1.3~1.8초로 짧게 만든다. 예술의 전당에서, 주로 오케스트라가 공연하는 콘서트홀은 잔향 시간이 2.1초에 달하고, 오페라를 공연하는 콘서트홀은 잔향 시간이 1.3~1.5초이다.

㉠ 잔향 시간은 음 에너지가 최대인 상태로 증가하는 데 걸리는 시간이다.

㉡ 콘서트홀 종류가 달라도 알맞은 잔향 시간은 정해져 있다.

㉢ 예술의 전당에서 오페라를 공연하는 콘서트홀에 알맞은 잔향 시간은 1.3~1.8초이다.

㉣ 잔향 시간은 공연의 질에 영향을 미친다.

 ㉠ 잔향 시간은 음 에너지가 최대인 상태에서 일백만 분의 일만큼의 에너지로 감소하는 데 걸리는 시간을 말한다.
㉡ 콘서트홀 종류마다 알맞은 잔향 시간이 다르다.
㉢ 오페라를 공연하는 콘서트홀은 잔향 시간이 1.3~1.5초이다.

62

식량은 인간 생존의 필수적인 품목이다. 자유 무역의 논리에도 불구하고 식량을 자유 무역의 상품으로 던져둘 수 없는 이유가 여기에 있다. 실제로 선진국에서도 식량 문제에 대해서는 이중적인 태도를 보이고 있다. 저개발 국가에는 자유 무역에 동참할 것을, 그래서 그 국가의 정부가 시장에 개입하지 못하도록 요구하면서도 자국의 경제를 운용할 때에는 굶주림에 시달리는 불행한 국민이 없도록 최소 생존권을 보장하는 정책을 적용하고 있다. 기업의 이윤 극대화보다 더 중요한 것이 인간의 최소 생존권임을 인정하고 있는 것이다.

㉠ 식량은 인간 생존의 필수적은 품목이지만 자유 무역의 논리에 따르는 자유 무역 상품이다.

㉡ 선진국은 자국의 경제를 운용할 때 굶주림에 시달리는 불행한 국민이 없도록 최소 생존권을 보장한다.

㉢ 저개발 국가는 선진국으로부터 정부가 시장에 개입하지 못하도록 요구받는다.

㉣ 최소 생존권을 보장하는 선진국의 정책은 기업의 이윤 극대화를 최우선으로 삼는다.

㉠ 식량은 인간 생존의 필수적인 품목이기 때문에 자유 무역의 논리에도 불구하고 식량을 자유 무역의 상품으로 던져둘 수 없다.

㉣ 최소 생존권을 보장하는 선진국의 정책은 기업의 이윤 극대화보다 더 중요한 것이 인간의 최소 생존권임을 인정하고 있는 것이다.

63

> 문학에서 작가의 개성은 작가의 고유한 생각과 취향, 가치관뿐만 아니라 언어를 구사하는 방법이나 형상화 방식 등을 통해서도 나타난다. 항일 독립 투쟁에 가담하였던 이육사는 극한의 상황 속에서도 미래에 대한 희망을 잃지 않으려는 태도를 작품에 드러냈다. 한편, 세속을 떠나 산사(山寺)에 머물렀던 조지훈은 의고적인 시 세계를 모색하는 가운데 압축된 형식미와 회화성을 갖춘 시를 썼다.

㉠ 조지훈의 시에는 압축된 형식미와 회화성이 나타난다.

㉡ 문학에서 작가의 개성은 언어를 구사하는 방법을 통해서도 나타난다.

㉢ 조지훈은 세속을 떠나 항일 독립 투쟁에 가담하였다.

㉣ 이육사의 작품에는 미래에 대한 희망을 잃지 않는 태도가 나타난다.

 ㉢ 이육사는 항일 독립 투쟁에 가담하였고, 조지훈은 세속을 떠나 산사에 머물렀다.

Answer → 61.㉣ 62.㉡㉢ 63.㉠㉡㉣

64

> 저금리가 유지되고 있는 사회에서는 저축에 대한 사람들의 인식이 상당히 회의적이다. 저축은 미래의 소비를 위해 현재의 소비를 억제하는 것을 의미하는데, 이때 그 대가로 주어지는 것이 이자이다. 하지만 저금리 상황에서는 현재의 소비를 포기하는 대가로 보상받는 비용인 이자가 적기 때문에 사람들은 저축을 신뢰하지 못하게 되는 것이다. 화폐의 효용성과 합리적인 손익을 따져 본다면 저금리 시대의 저축률은 줄어드는 것이 당연하다. 물가 상승에 비해 금리가 낮을 때에는 시간이 경과할수록 화폐의 가치가 떨어지게 되어 저축으로부터 얻을 수 있는 실질적인 수익이 낮아지거나 오히려 손해를 입을 수 있기 때문이다.

ⓐ 저금리 시대의 저축률은 강조한다.
ⓑ 저축은 미래의 소비를 억제하는 대가로 이자를 지급한다.
ⓒ 물가 상승에 비해 금리가 낮을 때는 시간이 경과할수록 화폐의 가치가 올라간다.
ⓓ 저축의 대가로 받는 이자가 많으면 사람들은 저축을 신뢰하지 못하게 된다.

ⓑ 저축은 미래의 소비를 위해 현재의 소비를 억제하는 대가로 이자를 지급한다.
ⓒ 물가 상승에 비해 금리가 낮을 때에는 시간이 경과할수록 화폐의 가치가 떨어진다.
ⓓ 저축의 대가로 받는 이자가 적기 때문에 사람들은 저축을 신뢰하지 못하게 된다.

65

> 과거에는 특별한 능력이 있는 우수한 몇몇만이 지식을 생산할 수 있는 것으로 간주되었고, 대중에 의해 생산되는 지식은 인정되지 않았다. 그러나 현대의 지식은 특정인에 의해 완성된 고정적 지식뿐 아니라, 대중의 경험을 바탕으로 생성되고 수정과 보완이 가능한 유연한 지식까지 포함한다. 이처럼 전문가뿐만 아니라 대중도 생활에서 체험한 지식을 서로 공유하면서 지식 생산에 기여하는 것을 집단 지성이라 부른다.

ⓐ 현대의 지식은 대중의 경험을 바탕으로 생성되기도 한다.
ⓑ 집단 지성은 지식 생산에 있어 전문가의 기여를 배제한다.
ⓒ 과거에는 특별한 몇몇만이 지식을 생산하는 것으로 여겨졌다.
ⓓ 현대의 지식은 수정과 보완이 가능한 유연한 지식을 포함한다.

ⓑ 전문가뿐만 아니라 대중도 생활에서 체험한 지식을 서로 공유하면서 지식 생산에 기여하는 것을 집단 지성이라 부른다. 따라서 전문가의 기여를 배제하는 것은 아니다.

66

인간은 자신의 필요에 맞게 에너지의 형태를 변환하여 사용한다. 예를 들면 연료의 화학에너지를 열에너지로 전환한 후 자동차를 움직이는 운동에너지로 바꾸어 사용하는 것이다. 그런데 이러한 변환 과정에서 일부 에너지는 쓸모없는 것이 되어 사방으로 흩어진다. 즉, 의미 없이 버려지는 에너지들이 나타나게 되는 것이다. 이러한 까닭에 과학자들은 손실되는 에너지를 활용하기 위한 효율적인 방안을 연구하게 되었고, 이 과정에서 에너지 하베스팅 기술이 등장하였다. 에너지 하베스팅은 최근 등장한 이동 통신 기기나 착용형 기기 등 소형 기기에 적합한 에너지 활용 기술이 될 것으로 평가받고 있다. 작은 에너지를 큰 에너지로 저장하지 않고 직접 소형 기기에 전달하여 사용하는 기술 방식 때문이다.

㉠ 에너지는 형태를 변환하는 과정에서 모두 쓸모없는 것이 되어 흩어진다.

㉡ 에너지 하베스팅 기술은 손실되는 에너지를 활용하기 위한 효율적인 방안이다.

㉢ 에너지 하베스팅 기술은 작은 에너지를 큰 에너지로 저장하여 직접 소형 기기에 전달한다.

㉣ 연료의 열에너지는 화학에너지로 전환되어 자동차를 움직이는 운동에너지로 사용된다.

 ㉠ 변환 과정에서 일부 에너지는 쓸모없는 것이 되어 사방으로 흩어진다.
㉢ 작은 에너지를 큰 에너지로 저장하지 않고 직접 소형 기기에 전달하여 사용하는 기술 방식이다.
㉣ 연료의 화학에너지를 열에너지로 전환한 후 자동차를 움직이는 운동에너지로 바꾸어 사용하는 것이다.

Answer ↪ 64.㉠ 65.㉠㉢㉣ 66.㉡

67

> 2010년 11월, 한국, 벨기에, 체코, 프랑스 등 11개국이 공동으로 신청한 매사냥이 유네스코 인류 무형 유산에 등재되었다. 이는 동서양을 아우른 공동 등재라는 점에서 의미가 깊다. 그렇지만 매사냥에 대해 아는 현대인은 그리 많지 않은 듯하다. 매사냥은 매를 이용해 꿩, 토끼 같은 야생 동물을 잡는 사냥법이다. 일반적으로 사냥을 할 때 동물은 주인의 사냥을 돕는 보조적인 역할만 하지만, 매사냥에서 매는 주인을 대신해 짐승을 잡는 사냥꾼 역할을 한다. 매사냥의 주인공은 사람이 아니라 매인 것이다.

ⓝ 매사냥은 동양만의 전통적인 유산이다.

ⓛ 매사냥은 매를 이용해 야생 동물을 잡는 사냥법이다.

ⓒ 매는 사냥을 할 때 주인을 돕는 보조적인 역할을 한다.

ⓔ 매사냥은 2010년 11월 유네스코 인류 무형 유산에 등재되었다.

 ⓝ 매사냥은 동서양을 아우르는 공동 등재로 동양만의 전통적인 유산은 아니다.
ⓒ 매는 주인을 대신해 짐승을 잡는 사냥꾼 역할을 한다.

68

> 1960년대 미국에서 힙합이 '거리음악'으로 막 시작되고 성장해 가던 시기의 샘플링은 단순히 원곡의 일부나 혹은 전체를 빌려 쓰는 것이었다. 당시에는 완전히 새로운 음악 창작 방법이었으며, 저작권에 대한 인식이 확고하지 않았던 때라 샘플링에 큰 제약도 없었다. 샘플링에 대한 이런 인식은 1990년대 초반까지 이어지며 확대되었다. 하지만 힙합 음악이 대중적으로 관심을 끌면서 샘플링에 대한 인식도 점차 발전적으로 변화하였다. 특히 1992년 미국에서 샘플링과 관련하여 제기된 저작권 소송이 변화의 중요한 계기가 되었다. 이후 힙합 음악에서 샘플링은 원곡에 대한 충분한 이해와 원작자에 대한 존경심을 바탕으로 그의 허락을 받아 자신만의 방식으로 재해석하는 예술 기법으로 인식되고 있다.

ⓝ 1960년대에는 샘플링에 대한 큰 제약이 없었지만, 저작권에 대한 인식은 확고하였다.

ⓛ 샘플링에 대한 인식은 힙합 음악에 대한 대중의 관심과 함께 발전적으로 변화하였다.

ⓒ 현재 힙합 음악에서 샘플링은 원작자에 대한 허락을 전제로 하는 기법으로 인식되고 있다.

ⓔ 1992년 미국의 샘플링 관련 저작권 소송은 샘플링에 대한 인식 변화에 영향을 주지 못했다.

 ⓝ 1960년대에는 저작권에 대한 인식이 확고하지 않았던 때라 샘플링에 큰 제약도 없었다.
ⓔ 1992년 미국에서 샘플링과 관련하여 제기된 저작권 소송이 샘플링에 대한 인식 변화의 중요한 계기가 되었다.

69

> 최근 몇 년 사이 각종 방송 드라마나 오락 프로그램에서 출연자가 특정 회사의 상표가 드러나는 옷을 입거나 자동차를 타는 장면을 흔히 볼 수 있게 되었다. 이렇게 상업적 의도를 감춘 채 프로그램 내에 배치된 제품이나 기업의 상징물 등을 소비자가 인식하도록 만드는 광고를 '간접 광고'라고 한다. 우리나라는 2010년 1월부터 간접 광고를 허용했다. 허용 초기에는 간접 광고의 정도가 미미했지만 해가 갈수록 그 정도가 심해져 내용 전개와 무관한 간접 광고가 시청자들의 몰입을 방해하는 수준에 이르렀다.

㉠ 우리나라는 현재 방송 드라마나 오락 프로그램의 간접 광고를 허용하고 있다.

㉡ 내용 전개와 무관한 간접 광고는 시청자들의 몰입을 방해한다.

㉢ 간접 광고는 방송 드라마나 오락 프로그램에 배치된 제품을 통해 상업적 의도를 드러낸다.

㉣ 간접 광고 허용 초기에는 간접 광고의 정도가 지금보다 더 심했다.

 ㉢ 간접 광고는 상업적 의도를 감춘 채 프로그램 내에 배치된 제품이나 기업의 상징물 등을 소비자가 인식하도록 만든다.
㉣ 허용 초기에는 간접 광고의 정도가 미미했지만 해가 갈수록 그 정도가 심해졌다.

70

> 신체 언어는 의사소통 과정에서 중요한 역할을 하는데 그중에서도 손짓은 좀 더 특별한 의미를 지닌다. 손짓이란 '손을 놀려 어떤 사물을 가리키거나 자기의 생각을 남에게 전하는 일'이다. 손은 다른 신체 부위에 비해 움직임이 자유롭고 모양을 만들기가 쉬워서 다양한 감정과 생각을 담아 손짓으로 표현할 수 있다. 박수는 칭찬과 격려를, 기도하는 두 손은 염원의 메시지를 전한다. 사랑한다는 말 대신 손을 지그시 잡는다거나, 힘내라는 말보다 등을 토닥이며 위로를 전하는 손짓이야말로 말보다 더 강력한 힘을 가진다.

㉠ 손짓이란 손을 놀려 자기의 생각을 남에게 전달하는 일이다.

㉡ 손은 다른 신체 부위와 다르게 다양한 감정을 표현하기 어렵다.

㉢ 사랑한다는 말은 손을 지그시 잡는 것보다 더 강력한 힘을 가진다.

㉣ 손짓은 신체 언어 중에서도 좀 더 특별한 의미를 지닌다.

 ㉡ 손은 다른 신체 부위에 비해 움직임이 자유롭고 모양을 만들기가 쉬워서 다양한 감정과 생각을 담아 손짓으로 표현할 수 있다.
㉢ 손을 지그시 잡는 것은 사랑한다는 말보다 더 강력한 힘을 가진다.

Answer ⟶ 67.㉡㉣   68.㉡㉢   69.㉠㉡   70.㉠㉣

1 다음은 국가별 대미무역수지에 관한 자료이다. 이에 대한 설명으로 옳지 않은 것은?

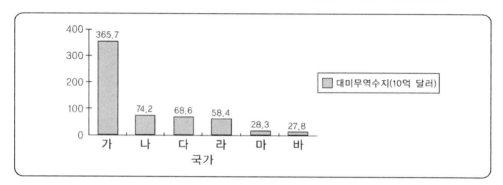

① 가국의 대미무역수지는 다른 국가의 총 합보다 많다.

② 다국이 전체 대미무역수지에서 차지하는 비율은 약 11%이다.

③ 대미무역수지가 가장 적은 국가는 마국이다.

④ 나국과 라국의 대미무역수지는 약 1.2배 이상 차이난다.

 ③ 대미무역수지가 가장 적은 국가는 바국(27.8)이다.

① 나+다+라+마+바=74.2+68.6+58.4+28.3+27.8=257.3(10억 달러)

② $\frac{68.6}{623} \times 100 ≒ 11.01\%$

④ 74.2÷58.4≒1.27배

2~3 다음은 A지역의 연도별 버스요금에 관한 자료이다. 물음에 답하시오.

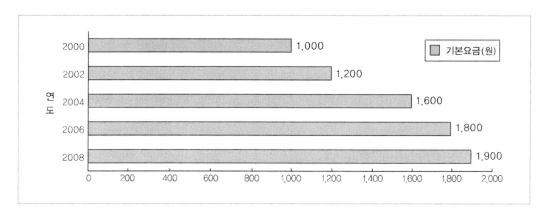

2 다음을 읽고 빈칸에 들어갈 값으로 적절한 것은?

A지역의 버스요금은 2000년 대비 2002년에 200원이 인상되었고, 2004년 대비 2006년에 (   )에 인상되었다.

① 200원   ② 300원

③ 400원   ④ 500원

 2004년의 버스요금은 1,600원, 2006년의 버스요금은 1,800원이다.
따라서 2004년 대비 2006년에 200원이 인상되었다.

3 다음 중 가장 높은 버스요금과 세 번째로 높은 버스요금의 연도로 짝지어진 것은?

① 2008년, 2006년   ② 2008년, 2004년

③ 2006년, 2002년   ④ 2006년, 2000년

 가장 높은 버스요금은 1,900원(2008년)이고, 세 번째로 높은 버스요금은 1,600원(2004년)
이다.

Answer 1.③ 2.① 3.②

❚4∼5❚ 다음은 2006~2019년 甲국의 엥겔계수와 엔젤계수를 나타낸 자료이다. 물음에 답하시오.

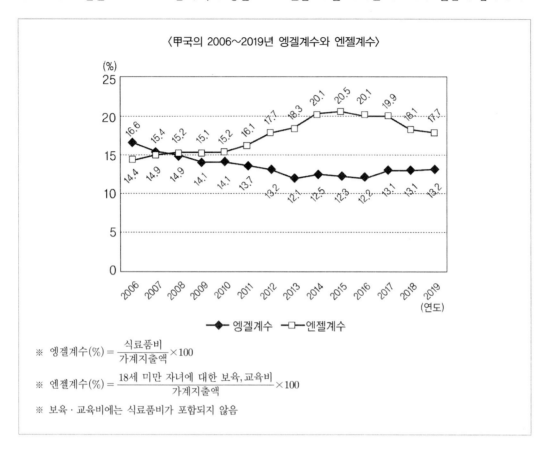

〈甲국의 2006~2019년 엥겔계수와 엔젤계수〉

※ 엥겔계수(%) = $\dfrac{식료품비}{가계지출액} \times 100$

※ 엔젤계수(%) = $\dfrac{18세\ 미만\ 자녀에\ 대한\ 보육,교육비}{가계지출액} \times 100$

※ 보육·교육비에는 식료품비가 포함되지 않음

4 주어진 자료에 대한 설명으로 옳은 것은?

① 2010년~2013년 동안 엔젤계수의 증가폭은 매년 증가했다.

② 가계지출액이 동일하다면 2007년 18세 미만 자녀에 대한 보육·교육비와 2008년 식료품비 지출액이 같다.

③ 엔젤계수와 엥겔계수의 차이는 2014년에 가장 크다.

④ 2010~2012년 동안 매년 18세 미만 자녀에 대한 보육·교육비 대비 식료품비의 비율은 증가한다.

 ② 가계지출액이 동일하다면 2007년 엔젤계수와 2008년의 엥겔계수가 같으므로 2007년 18세 미만 자녀에 대한 보육·교육비와 2008년 식료품비 지출액이 같다.
① 2010년~2013년 동안 엔젤계수의 증가폭은 0.9→1.6→0.6으로 매년 증가했다고 할 수 없다.
③ 엔젤계수와 엥겔계수의 차이는 2015년 8.2%p로 가장 크다.
④ 2010~2014년 동안 매년 18세 미만 자녀에 대한 보육·교육비는 증가하고 있고 식료품비는 감소하고 있으므로 18세 미만 자녀에 대한 보육·교육비 대비 식료품비의 비율은 감소하고 있다.

5 2017년 가계지출액이 200만 원일 때, 18세 미만 자녀에 대한 보육·교육비와 식료품비를 순서대로 나열한 것은?

① 402,000 − 258,000

② 402,000 − 262,000

③ 398,000 − 262,000

④ 398,000 − 258,000

 2015년 엔젤계수는 19.9%, 엥겔계수는 13.1이므로,
18세 미만 자녀에 대한 보육·교육비=19.9×2,000,000÷100=398,000원
식료품비=13.1×2,000,000÷100=262,000원이다.

Answer ⟶ 4.② 5.③

┃6~7┃ 다음은 A국의 웨어러블 기기 국내 시장 판매량 및 수출입량에 대한 자료이다. 물음에 답하시오.

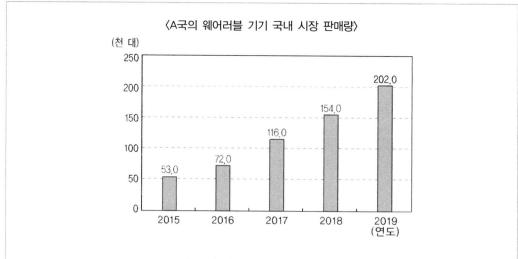

〈A국의 웨어러블 기기 국내 시장 판매량〉

〈A국의 웨어러블 기기 수출입량〉

(단위 : 천 대)

	2015	2016	2017	2018	2019
수출량	1.2	2.5	18.0	67.0	240.0
수입량	1.1	2.0	3.5	4.2	5.0

6 다음 글을 읽고 빈칸에 들어갈 값으로 적절한 것은?

> A국의 웨어러블 기기 국내 시장 판매량의 2018년의 전년대비 증가율은 32.8%이고 2019년의 전년대비 증가율은 (　　　)이다.

① 31.0　　　　　　　　　　② 31.2

③ 31.4　　　　　　　　　　④ 31.6

 2019년의 전년대비 증가율은 $\dfrac{202-154}{154} \times 100 = 31.2\%$이다.

7 2019년 웨어러블 기기의 국내 시장 판매량 대비 수입량의 비율은?(단, 계산은 소수점 둘째 자리에서 반올림한다.)

① 2.1%　　　　　　　　　　② 2.3%

③ 2.5%　　　　　　　　　　④ 3.0%

 2019년 웨어러블 기기의 국내 시장 판매량 대비 수입량의 비율은 $\dfrac{5}{202} \times 100 = 2.47$이므로 2.5%이다.

Answer 6.② 7.③

| 8~9 | 다음은 두 지역의 종교인 분포에 관한 자료이다. 물음에 답하시오.

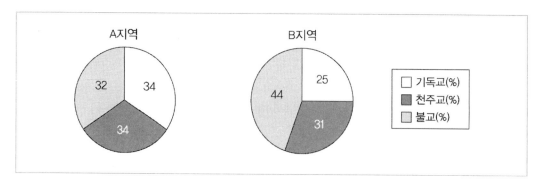

8 다음 중 A지역이 B지역보다 종교인의 분포가 많은 것을 모두 고른 것은?

① 불교   ② 천주교

③ 기독교, 불교   ④ 기독교, 천주교

   ④ A지역이 B지역보다 종교인의 분포가 많은 것은 기독교(34%), 천주교(34%)이다.

9 A 지역에서 가장 높은 종교인의 분포와 B 지역에서 가장 낮은 종교인의 분포는 몇 배 차이 나는가?

① 0.68   ② 0.85

③ 1.36   ④ 1.74

   • A 지역에서 가장 높은 종교인의 분포＝34%(기독교 또는 천주교)
    • B 지역에서 가장 낮은 종교인의 분포＝25%(기독교)
    따라서 1.36배 차이난다.

10 다음은 서원산업의 부서별 연가사용현황에 관한 자료이다. 서원산업은 총 연가가능일수 대비 총 연가사용일수를 몇 %를 사용했는가?

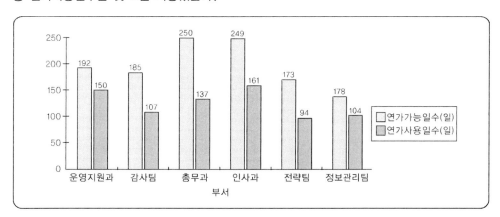

① 약 57%

② 약 61%

③ 약 65%

④ 약 69%

$$\frac{150+107+137+161+94+104}{192+185+250+249+173+178} \times 100 = \frac{753}{1,227} \times 100 \fallingdotseq 61.37\%$$

❚11~12❚ 다음은 2017~2018년도 다문화 신혼부부 현황과 부부의 출신 국적별 구성비를 나타낸 자료이다. 물음에 답하시오.

〈2017~2018년도 다문화 신혼부부 현황〉

(단위 : 명)

남편	2017년	2018년	아내	2017년	2018년
한국국적	72,154	66,815	한국국적	13,789	13,144
외국국적	22,448	22,114	외국국적	81,173	75,785

〈부부의 출신 국적별 구성비〉

(단위 : %)

남편		2017년	2018년	아내		2017년	2018년
출신 국적별 구성비	중국	44.2	43.4	출신 국적별 구성비	중국	39.1	38.4
	미국	16.9	16.8		베트남	32.3	32.6
	베트남	5.0	6.9		필리핀	8.4	7.8
	기타	33.9	32.9		기타	20.2	21.2

11 주어진 자료에 대한 해석으로 옳은 것은?

① 2018년 남편 국적인 한국국적인 다문화 신혼부부는 2017년 보다 5,329명 줄었다.

② 아내가 중국인인 다문화 신혼부부의 수는 2017년과 2018년 모두 3만 명을 넘는다.

③ 비교대상 중 남편이 한국국적인 신혼부부의 수가 2018년에 가장 큰 폭으로 감소하였다.

④ 아내가 외국국적인 다문화 신혼부부는 2017년 대비 2018년의 증감률은 −6.64%이다.

 ④ 아내가 외국국적인 다문화 신혼부부는 2017년 대비 2018년의 증감률은 −6.64%이다.

① 2018년 남편 국적인 한국국적인 다문화 신혼부부는 2017년 보다 5,339명 줄었다.

② 아내가 중국인인 다문화 신혼부부의 2017년에는 81,173×39.1%=약 31,738명이고 2018년에는 75,785×38.4%=약 29,101명으로 모두 3만 명을 넘는다고 할 수 없다.

③ 비교대상 중 아내가 외국국적인 신혼부부가 75,785−81,173=−5,388명으로 가장 큰 폭으로 감소하였다.

12 남편이 베트남인인 다문화 신혼부부의 수가 비교 시기동안 총 몇 쌍 증가하였는가?(단, 신혼부부의 수는 소수점 이하 절삭하여 정수로 표시함)

① 403

② 411

③ 426

④ 431

 남편이 베트남인인 경우는 2017년에 22,448쌍 중 5.0%를 차지하던 비중이 2018년에 22,114쌍 중 6.9%의 비중으로 변동되었다.

따라서 22,448×0.05=1,122쌍에서 22,114×0.069=1,525쌍으로 변동되어 403쌍이 증가되었다.

Answer ↪ 11.④ 12.①

| 13~14 | 다음은 甲 패스트푸드점 메뉴의 영양성분표이다. 물음에 답하시오.

〈메인 메뉴 단위당 영양성분표〉

구분 / 메뉴	중량(g)	열량(kcal)	성분함량			
			당(g)	단백질(g)	포화지방(g)	나트륨(mg)
치즈버거	114	297	7	15	7	758
햄버거	100	248	6	13	5	548
새우버거	197	395	9	15	5	882
치킨버거	163	374	6	15	5	719
불고기버거	155	399	13	16	2	760
칠리버거	228	443	7	22	5	972
베이컨버거	242	513	15	26	13	1,197
스페셜버거	213	505	8	26	12	1,059

〈스낵 메뉴 단위당 영양성분표〉

구분 / 메뉴	중량(g)	열량(kcal)	성분함량			
			당(g)	단백질(g)	포화지방(g)	나트륨(mg)
감자튀김	114	352	0	4	4	181
조각치킨	68	165	0	10	3	313
치즈스틱	47	172	0	6	6	267

13 주어진 자료에 대한 해석으로 옳지 않은 것은?

① 열량이 가장 높은 메인 메뉴 3개의 열량이 높은 순서와 나트륨 함량이 높은 순서가 같다.

② 서로 다른 두 메인 메뉴를 섭취할 시 총 단백질 함량은 총 포화지방의 함량의 두 배 이상이다.

③ 중량 대비 열량의 비율은 치킨버거가 새우버거보다 높다.

④ 스낵 메뉴 한 단위씩 섭취 시의 총 나트륨 양보다 치즈버거 한 개의 나트륨 양이 더 많다.

 ④ 스낵 메뉴를 한 단위씩 섭취 할 시 총 761mg의 나트륨을 섭취하게 되고 치즈버거 한 개 섭취 시 총 758mg의 나트륨을 섭취하게 되므로 치즈버거 한 개의 나트륨 양이 더 적다.

① 열량이 높은 메인 메뉴 3개는 베이컨버거-스페셜버거-칠리버거 순이고 나트륨이 높은 메인 메뉴도 베이컨버거-스페셜버거-칠리버거 순이다.

② 모든 메인 메뉴의 단백질 함량은 포화지방의 함량 보다 2배 이상이다.

③ 치킨버거의 중량 대비 열량의 비율은 229.4%이고 새우버거의 중량 대비 열량의 비율은 200.5%

14 메인 메뉴 중 단백질 대비 당 함량이 50%가 넘는 메뉴를 모두 고른 것은?

① 치즈버거, 햄버거, 칠리버거

② 치즈버거, 치킨버거, 불고기버거

③ 베이컨버거, 햄버거, 치킨버거

④ 새우버거, 불고기버거, 베이컨버거

 새우버거의 단백질 대비 당 함량=60%
불고기버거의 단백질 대비 당 함량=75%
베이컨버거의 단백질 대비 당 함량=57.7%

Answer 13.④ 14.④

▌15~17 ▌ 다음은 고령자 고용동향에 관한 표이다. 다음 표를 보고 물음에 답하시오.

(단위 : 천 명, %)

	2011	2012	2013	2014	2015
생산가능인구(15~64세)	35,428	35,652	35,951	36,107	36,377
고령생산가능인구비중	15.1	15.7	16.4	17.1	18.1
고령자경제활동참가율	63.7	64.7	65.7	67.3	68.9
고령자고용률	62.1	63.1	64.3	65.6	66.8
고령자실업률	2.5	2.5	2.1	2.5	3

※ 고령자 대상 : 55세 ~ 64세(OECD기준)
※ 고령생산가능인구비중 = 15세 이상 생산가능인구 중 고령생산가능인구(55세~64세)가 차지하는 비율
※ 경제활동참가율 = 경제활동인구/생산가능인구
※ 고용률 = 취업자/생산가능인구
※ 실업률 = 실업자/경제활동인구
※ 취업률 = 취업자/경제활동인구

15 다음 중 옳은 것은?

① 2011년과 2012년에 고령자 실업률이 동일하므로 고령자 실업자 수도 동일하다.
② 고령생산가능인구 수는 해마다 증가하고 있다.
③ 표에서 제시하는 고령자 고용동향은 모든 영역에서 해마다 수치가 증가하고 있다.
④ 고령생산가능인구비중은 고령자경제활동인구/고령생산가능인구를 나타낸다.

② 생산가능인구 수가 해마다 증가하고, 고령생산가능인구비중도 증가하고 있으므로 고령
생산가능인구 수가 해마다 증가한다는 것을 알 수 있다.
① 실업률은 실업자가 경제활동인구에서 차지하는 비율을 말하는 것이므로, 실업률이 같다
고 해도 경제활동인구 수에 따라 실업자 수가 달라진다.
③ 고령자실업률의 경우에는 2012년에는 동일했고, 2013년에는 오히려 감소했다.
④ 경제활동참가율이 경제활동인구/생산가능인구를 나타내므로 고령생간가능인구비중은 고
령자경제활동인구/고령생산가능인구는 고령자경제활동참가율을 나타낸다고 볼 수 있다.

16 2013년의 고령생산가능인구는 몇 명인가?

① 5,895,664명

② 5,895,764명

③ 5,895,864명

④ 5,895,964명

 0.164×35,951천 명 = 5,895,964명

17 2014년의 고용률이 60.2%라고 할 때, 2014년의 취업자 수는 몇 명인가?

① 21,736,404명

② 21,736,414명

③ 21,736,424명

④ 21,736,434명

 0.602×36,107천 명=21,736,414명

Answer 15.② 16.④ 17.②

| 18~19 | 다음은 다음은 A회사의 연도별 임직원 현황에 관한 자료이다. 이에 대한 해석으로 옳지 않은 것은?

〈A회사의 연도별 임직원 현황〉

(단위 : 명)

구분 \ 연도		2017년	2018년	2019년
국적	한국	9,566	10,197	9,070
	중국	2,636	3,748	4,853
	일본	1,615	2,353	2,749
	대만	1,333	1,585	2,032
	기타	97	115	153
	계	( )	( )	( )
고용형태	정규직	14,173	16,007	17,341
	비정규직	1,074	1,991	1,516
연령	20대 이하	8,914	8,933	10,947
	30대	5,181	7,113	6,210
	40대 이상	1,152	1,952	1,700
직급	사원	12,365	14,800	15,504
	간부	2,801	3,109	3,255
	임원	81	89	98

18 다음 중 옳지 않은 것은?

① 일본, 대만 및 기타 국적의 임직원 수의 합은 매년 중국 국적의 임직원 수보다 많다.

② 모든 직급에서 인원수가 매년 증가하고 있다.

③ 매년 전체 임직원 중 20대 이하 직원이 차지하는 비중은 50%를 넘는다.

④ 전년대비 임직원 수가 가장 많이 증가한 국적은 2018년, 2019년 모두 중국이다.

③ 2018년의 전체 임직원 중 20대 이하 직원이 차지하는 비중은 49.6%로 50%를 넘지 않는다.

① 일본, 대만 및 기타 국적의 임직원 수의 합은 '3,045 → 4,053 → 4,934'로 매년 중국 국적의 임직원 수 '2,636 → 3,748 → 4,853' 보다 많다.

④ 중국은 전년대비 2018년에는 1,112명 증가, 2019년에는 1,105명이 증가하여 다른 국적의 임직원 보다 많이 증가했다.

19 주어진 자료의 괄호 안에 들어갈 수 없는 수는?

① 15,247 　　　　　　② 16,768

③ 17,998 　　　　　　④ 18,857

2017년 임직원 수 : 15,247
2018년 임직원 수 : 17,998
2019년 임직원 수 : 18,857

┃20~21┃ 다음은 인천공항, 김포공항, 양양공항, 김해공항, 제주공항을 이용한 승객을 연령별로 분류해 놓은 표이다. 물음에 답하시오.

구분	10대	20대	30대	40대	50대	총 인원수
인천공항	13%	36%	20%	15%	16%	5,000명
김포공항	8%	21%	33%	24%	14%	3,000명
양양공항	·	17%	37%	39%	7%	1,500명
김해공항	·	11%	42%	30%	17%	1,000명
제주공항	18%	23%	15%	28%	16%	4,500명

20 인천공항의 이용승객 중 20대 승객은 모두 몇 명인가?

① 1,600명   ② 1,700명

③ 1,800명   ④ 1,900명

 5,000 × 0.36 = 1,800명

21 김포공항 이용승객 중 30대 이상 승객은 김해공항 30대 이상 승객의 약 몇 배인가? (소수점 둘째 자리에서 반올림 하시오.)

① 2.3배   ② 2.4배

③ 2.5배   ④ 2.6배

 김포공항의 30대 이상 승객 : 33%+24%+14%=71%이므로 3,000×0.71=2,130명
김해공항의 30대 이상 승객 : 42%+30%+17%=89%이므로 1,000×0.89=890명
∴ 2,130÷890≒2.4배

| 22~23 | 다음은 주식시장에서 외국인의 최근 한 달간의 주요 매매 정보 자료이다. 물음에 답하시오.

	순매수			순매도	
종목명	수량(백 주)	금액(백만 원)	종목명	수량(백 주)	금액(백만 원)
A 그룹	5,620	695,790	가 그룹	84,930	598,360
B 그룹	138,340	1,325,000	나 그룹	2,150	754,180
C 그룹	13,570	284,350	다 그룹	96,750	162,580
D 그룹	24,850	965,780	라 그룹	96,690	753,540
E 그룹	70,320	110,210	마 그룹	12,360	296,320

22 다음 설명 중 옳은 것을 고르면?

① 외국인은 가 그룹의 주식 8,493,000주를 팔아치우고 D그룹의 주식 1,357,000주를 사들였다.

② C 그룹과 D 그룹, E 그룹의 순매수량의 합은 B 그룹의 순매수량 보다 작다.

③ 다 그룹의 순매도량은 라 그룹의 순매도량 보다 작다.

④ 나 그룹의 순매도액은 598,360(백만 원)이다.

 C 그룹, D 그룹, E 그룹의 순매수량의 합은 13,570+24,850+70,320=108,740(백만 원)이므로 B 그룹의 순매수량보다 작다.

23 다음 중 옳지 않은 것은?

① 외국인들은 A 그룹보다 D 그룹의 주식을 더 많이 사들였다.

② 가 그룹과 마 그룹의 순매도량의 합은 다 그룹의 순매도량보다 많다.

③ 나 그룹의 순매도액은 라 그룹의 순매도액보다 많다.

④ A 그룹과 D 그룹의 순매수액의 합은 B 그룹의 순매수액보다 작다.

(Tip) 695,790+965,780=1,661,570

Answer ⇒ 20.③ 21.② 22.② 23.④

│24~25│ 다음은 철수의 3월 생활비 40만 원의 항목별 비율을 나타낸 자료이다. 물음에 답하시오.

구분	학원비	식비	교통비	기타
비율(%)	35	15	35	15

24 식비 및 교통비의 지출 비율이 아래 표와 같을 때 다음 설명 중 가장 적절한 것은 무엇인가?

〈표1〉 식비 지출 비율

항목	채소	과일	육류	어류	기타
비율(%)	30	20	25	15	10

〈표2〉 교통비 지출 비율

교통수단	버스	지하철	자가용	택시	기타
비율(%)	50	25	15	5	5

① 식비에서 채소 구입에 사용한 금액은 교통비에서 자가용 이용에 사용한 금액보다 크다.
② 교통비에서 지하철을 타는데 지출한 비용은 식비에서 육류를 구입하는데 지출한 비용의 약 2.3배에 달한다.
③ 철수의 3월 생활비 중 교통비에 지출된 금액은 총 12만 5천 원이다.
④ 교통비에서 자가용을 타는데 지출한 금액은 식비에서 과일과 어류를 구입하는데 지출한 비용보다 크다.

(Tip) 각각의 금액을 구해보면 다음과 같다.

철수의 3월 생활비 40만 원의 항목별 비율과 금액

구분	학원비	식비	교통비	기타
비율(%)	35	15	35	15
금액(만 원)	14	6	14	6

항목	채소	과일	육류	어류	기타
비율(%)	30	20	25	15	10
금액(만 원)	1.8	1.2	1.5	0.9	0.6

〈표2〉 교통비 지출 비율과 금액

교통수단	버스	지하철	자가용	택시	기타
비율(%)	50	25	15	5	5
금액(만 원)	7	3.5	2.1	0.7	0.7

① 식비에서 채소 구입에 사용한 금액 : 1만 8천 원

   교통비에서 자가용 이용에 사용한 금액 : 2만 1천 원

② 교통비에서 지하철을 타는데 지출한 비용 : 3만 5천 원

   식비에서 육류를 구입하는데 지출한 비용 : 1만 5천 원

③ 철수의 3월 생활비 중 교통비 : 14만 원

④ 교통비에서 자가용을 타는데 지출한 금액 : 2만 1천 원

   식비에서 과일과 어류를 구입하는데 지출한 비용 : 1만 2천 원 + 9천 원 = 2만 1천 원

25 철수의 2월 생활비가 35만 원이었고 각 항목별 생활비의 비율이 3월과 같았다면 3월에 지출한 교통비는 2월에 비해 얼마나 증가하였는가?

① 17,500원

② 19,000원

③ 20,500원

④ 22,000원

 2월 생활비 35만원의 항목별 금액은 다음과 같다.

구분	학원비	식비	교통비	기타
비율(%)	35	15	35	15
금액(만 원)	12.25	5.25	12.25	5.25

따라서 3월에 교통비가 14만 원이므로 2월에 비해 17,500원 증가하였다.

Answer ↱ 24.② 25.①

▌26~27 ▌ 다음은 성별 및 연령집단별 평일과 휴일 여가시간을 나타낸 자료이다.

〈평일과 휴일 여가시간〉

(단위 : 시간)

		요일평균				평일				휴일			
		'12	'14	'16	'18	'12	'14	'16	'18	'12	'14	'16	'18
전체		3.8	4.2	3.6	3.9	3.3	3.6	3.1	3.3	5.1	5.8	5	5.3
성	남자	ⓐ	4	3.5	3.7	3.1	3.3	2.9	3.1	5.2	5.8	5.1	5.3
	여자	3.9	4.3	3.8	ⓑ	3.5	3.8	3.3	3.4	5	5.7	4.9	5.2
연령집단	10대	3.2	3.8	3.4	3.5	2.6	3.1	2.7	2.8	4.8	5.6	5.1	5.1
	20대	3.8	4.1	3.6	3.9	3.1	3.3	2.9	3.2	5.6	6.1	5.3	5.7
	30대	3.4	3.8	3.4	3.4	2.8	3.1	2.8	2.8	4.8	5.5	4.8	5
	40대	3.5	3.9	3.3	3.5	3	3.2	2.8	2.9	4.9	5.6	4.7	5
	50대	3.5	4.1	3.4	3.6	3	3.5	2.9	3	4.8	5.6	4.8	5.1
	60대	4.4	4.8	4	4.1	4.1	4.3	3.6	3.6	5.2	5.9	5.1	5.4
	70대 이상	6.1	5.6	5	5.1	5.9	5.3	4.7	4.8	6.5	6.5	5.7	5.8

※ 요일평균 여가시간 = {(평일 여가시간 × 5일) + (휴일 여가시간 × 2일)} ÷ 7일

26 다음 중 자료에 대한 해석으로 옳지 않은 것은?

① 10대의 휴일 여가시간은 2012년에 가장 적었다.

② 전 연령집단의 평일 여가시간의 평균은 2014년이 가장 높다.

③ 20대의 평일 여가시간은 항상 3시간 이상이었다.

④ 2016년의 평일 여가시간이 가장 많은 연령은 70대 이상이다.

③ 20대의 평일 여가시간은 2016년 2.9시간이었다.

① 10대의 휴일 여가시간은 4.8시간으로 2012년에 가장 적었다.

② 전 연령집단의 평일 여가시간은 2012년에는 3.5시간, 2014년에는 3.7시간, 2016년에는 3.2시간 2018년에는 3.3시간으로 2014년에 가장 높다.

④ 2016년에 70대 이상의 평일 여가시간이 4.7시간으로 가장 많았다.

27 주어진 자료의 ⓐ+ⓑ의 값을 구하시오.

① 6.6

② 6.8

③ 7.3

④ 7.6

 ⓐ={(3.1×5일)+(5.2×2일)}÷7일=3.7
ⓑ={(3.4×5일)+(5.2×2일)}÷7일=3.9이므로 ⓐ+ⓑ=7.6이다.

▌28~29 ▌ 다음은 계절별 평균 기온 변화 현황을 나타낸 자료이다. 이에 대한 해석으로 옳은 것을 모두 고른 것은?

계절별 평균 기온 변화 현황

(단위 : ℃)

	2010	2011	2012	2013	2014	2015	2016	2017	2018
년 평균	12.4		12.4	13.3	13.1	13.3	13.7	12.7	13.4
봄	10.8	11	12.2	11.6	13.1	12.7	13.2	13	13.1
여름	24.9	24	24.7	25.4	23.6	23.7	24.8	24.5	25.4
가을	14.5	15.3	13.7	14.6	14.9	15.2	15.1	14.2	13.8
겨울	-0.7	-0.4	-1	1.5	0.7	1.4	1.6	-0.8	1.3

28 자료에 대한 해석으로 옳지 않은 것은?

① 2014년~2016년 겨울의 평균 기온이 상승추이를 보인다.

② 2010~2018 동안 겨울을 제외한 계절에서 평균 기온이 10℃이하로 기온이 내려간 적 없다.

③ 여름 평균 기온 중 2013년과 2018년의 평균 기온이 가장 높다.

④ 2012년 이후 년 평균기온이 계속 상승하고 있다.

 ④ 2012년 이후 년 평균기온은 12.4→13.3→13.1→13.3→13.7→12.7→13.4로 계속 상승한다고 볼 수 없다.
① 2014년~2016년 겨울의 평균 기온은 0.7→1.4→1.6으로 상승추이를 보인다.
② 2010~2018 동안 겨울을 제외한 계절에서 평균 기온은 모두 10℃ 이상이었다.
③ 여름 평균 기온 중 2013년과 2018년의 평균 기온이 25.4℃로 가장 높다.

Answer ➟ 26.③ 27.④ 28.④

29 2011년의 년 평균기온은?

① 12.5℃   ② 12.9℃

③ 13.1℃   ④ 13.4℃

 2011년의 년 평균기온은 $\dfrac{11+24+15.3+(-0.4)}{4} = 12.475$로 12.5℃이다.

30 다음은 예식장 사업형태에 대한 자료이다. 자료에 대한 설명으로 옳지 않은 것은?

구분	개인경영	회사법인	회사 이외의 법인	비법인 단체	합계
사업체수(개)	1,160	50	91	9	1,310
매출(백 만)	238,000	43,000	10,000	800	291,800
비용(백 만)	124,000	26,000	5,500	400	155,900
면적(km²)	1,253,000	155,000	54,000	3,500	1,465,500

① 예식장 사업비용은 매출액의 50% 이상이다.

② 예식장 사업은 대부분 개인경영의 형태로 이루어지고 있다.

③ 사업체당 매출액이 평균적으로 제일 큰 것은 회사법인 예식장이다.

④ 사업체당 면적의 크기는 회사법인보다 회사 이외의 법인이 더 크다.

 회사법인의 사업체당 면적의 크기 : $\dfrac{155,000}{50} = 3,100$

회사 이외의 법인의 사업체당 면적의 크기 : $\dfrac{54,000}{91} = 593.406$

31 다음은 국능원 관람객 수를 표로 나타낸 자료이다. 이에 대해 바르게 설명한 것은?

(단위 : 천 명)

	2013	2014	2015	2016	2017	2018
유료관람객수	6,580	7,566	6,118	7,456	5,187	5,296
무료관람객수	4,381	5,539	6,199	6,259	7,587	6,946
합계	10,961	13,105	ⓐ	13,715	12,774	12,242
외국인	2,222	2,690	2,411	3,849	2,089	2,129

① 외국인 관람객의 수는 매년 전년대비 증가하고 있다.

② ⓐ에 들어갈 수치는 12,417이다.

③ 무료관람객의 수가 가장 많은 해에 외국인 관람객의 수가 전년 대비 상승했다.

④ 조사 기간 동안 유료관람객의 수는 2회 7,000천 명을 넘었다.

 ④ 조사 기간 동안 유료관람객의 수가 7,000천 명이 넘은 해는 2014년, 2016년 2번이다.
① 외국인 관람객의 수는 2015년, 2017년에 전년대비 감소하였다.
② ⓐ에 들어갈 수치는 6,118+6,199=12,317이다.
③ 무료관람객의 수가 가장 많은 해는 2017년이며 그 해 외국인 관람객 수는 전년 대비 3,849→2,089로 감소했다.

Answer 29.① 30.④ 31.④

┃ 32~33 ┃ 다음은 스마트기기를 활용한 여가활동을 조사한 자료이다. 물음에 답하시오.

〈가구소득별 스마트기기를 활용한 여가활동〉

여가활동 / 가구소득	인터넷	모바일 메신저	SNS	게임	TV 시청	쇼핑	음악 감상	인터넷 방송	드라마/ 영화보기
100만 원(미만)	22.3	24.9	17.1	10.4	5.4	1.5	4.9	4.7	1.9
100~200만 원	26.3	28.9	10.7	10.9	7.4	1.5	5.5	1.7	2.2
200~300만 원	31.8	19.2	14.8	13.1	4.6	4.3	4.2	1.7	2.9
300~400만 원	33	18.6	14.7	16.7	3.4	2.7	3.6	1.9	1.9
400~500만 원	31.9	16.8	14.8	14.8	4.6	4.1	2.6	2.9	2.6
500~600만 원	34.5	16.4	14.6	13.4	3.8	3.8	4.5	2.5	2.3
600만 원 이상	26.2	14.6	15	12.3	4.9	6.3	4	4.7	4.7

〈지역규모별 스마트기기를 활용한 여가 활동〉

여가활동 / 지역규모	인터넷	모바일 메신저	SNS	게임	TV 시청	쇼핑	음악 감상	인터넷 방송	드라마/ 영화보기
대도시	29.4	20.6	15.8	13.3	4.8	3.5	3.2	1.9	3.6
중소도시	31	15.1	13.3	15	4.9	4.9	4.3	3.8	2.4
읍면지역	37	17.4	14.6	14.3	2	2.6	4	2.3	0.9

32 다음 중 제시된 자료를 잘못 해석한 것은?

① 지역규모에 상관없이 인터넷 사용률이 가장 높다.

② 가구소득이 400~500만 원 미만인 집단에서 14% 이상을 차지하는 여가활동은 4가지다.

③ 각 지역규모별 조사 인원이 동일하다면 스마트기기로 게임을 하는 사람의 수는 중소도시에 가장 많다.

④ 가구소득이 100만 원 미만인 경우와 300~400만 원 미만인 경우의 두 집단에서 스마트기기로 드라마/영화를 보는 사람의 수는 서로 같다.

 ④ 가구소득별 인구수를 알 수 없으므로 비율이 같다는 것으로 사람 수가 같다고 할 수 없다.
① 지역규모에 상관없이 스마트 기기를 활용하여 인터넷을 하는 사람의 비중이 가장 높다.
② 가구소득이 400~500만 원 미만인 집단에서 14%이상을 차지하는 여가활동은 인터넷(31.9). 모바일 메신저(16.8), SNS(14.8), 게임(14.8) 4가지다.
③ 각 지역규모별 조사 인원이 동일할 때 스마트기기로 게임을 하는 사람은 대도시(13.3), 중소도시(15), 읍면지역(14.3)으로 중소도시가 가장 많다.

33 가구소득이 600만 원 이상인 집단의 조사 인원이 25,000명이면, 이 집단의 모바일 메신저 활동을 즐기는 사람의 수는?

① 2,860명
② 3,400명
③ 3,650명
④ 3,830명

 가구소득이 600만 원 이상인 집단의 조사 인원이 25,000명이고 모바일 메신저 활동을 즐기는 사람은 14.6%이므로 25,000×14.6%=3,650(명)이다.

Answer 32.④ 33.③

┃34~35┃ 다음은 A, B, C 세 제품의 가격, 월 전기료 및 관리비용을 나타낸 표이다. 물음에 답하시오.

분류	가격	월 전기료	월 관리비
A 제품	300만 원	3만 원	1만 원
B 제품	270만 원	4만 원	1만 원
C 제품	240만 원	3만 원	2만 원

34 제품 구입 후 1년을 사용했다고 가정했을 경우 총 지불액이 가장 높은 제품은? (단, 총 지불 금액은 제품의 가격을 포함한다)

① A   ② B

③ C   ④ 모두 같음

$A = 3,000,000 + (30,000 + 10,000) \times 12 = 3,480,000(원)$
$B = 2,700,000 + (40,000 + 10,000) \times 12 = 3,300,000(원)$
$C = 2,400,000 + (30,000 + 20,000) \times 12 = 3,000,000(원)$

35 A 제품을 구입할 경우, 3년 동안 B나 C 제품에 비해 얼마를 절약할 수 있는가? (단, 제품가격은 고려하지 않는다.)

① 36만 원   ② 25만 원

③ 34만 원   ④ 33만 원

3년 간 들어가는 전기료와 관리비를 계산하면
$A = (30,000 + 10,000) \times 36 = 1,440,000(원)$
$B = (40,000 + 10,000) \times 36 = 1,800,000(원)$
$C = (30,000 + 20,000) \times 36 = 1,800,000(원)$
따라서 B에 비해 360,000, C에 비해 360,000원을 절약할 수 있다.

|36~37| 다음 표는 국제결혼 건수에 관한 표이다. 물음에 답하시오.

(단위 : 명)

연도 \ 구분	총 결혼건수	국제 결혼건수	외국인 아내건수	외국인 남편건수
1990	399,312	4,710	619	4,091
1994	393,121	6,616	3,072	3,544
1998	375,616	12,188	8,054	4,134
2002	306,573	15,193	11,017	4,896
2006	332,752	39,690	30,208	9,482

36 다음 중 표에 관한 설명으로 가장 적절한 것은?

① 외국인과의 결혼 비율이 점점 감소하고 있다.

② 21세기 이전에는 총 결혼건수가 증가 추세에 있었다.

③ 총 결혼건수 중 국제 결혼건수가 차지하는 비율이 증가 추세에 있다.

④ 한국 남자와 외국인 여자의 결혼건수 증가율과 한국 여자와 외국인 남자의 결혼건수 증가율이 비슷하다.

 ① 외국인과의 결혼 비율은 점점 증가하고 있다.
② 1990년부터 1998년까지는 총 결혼건수가 감소하고 있었다.
④ 한국 남자와 외국인 여자의 결혼건수 증가율이 한국 여자와 외국인 남자의 결혼건수 증가율보다 훨씬 높다.

37 다음 중 총 결혼건수 중 국제 결혼건수의 비율이 가장 높았던 해는 언제인가?

① 1990년   ② 1994년

③ 1998년   ④ 2002년

 ① 1990년 : $\frac{4,710}{399,312} \times 100 \fallingdotseq 1.18(\%)$ ② 1994년 : $\frac{6,616}{399,121} \times 100 \fallingdotseq 1.66(\%)$

③ 1998년 : $\frac{12,188}{375,616} \times 100 \fallingdotseq 3.24(\%)$ ④ 2002년 : $\frac{15,193}{306,573} \times 100 \fallingdotseq 4.96(\%)$

Answer → 34.①   35.①   36.③   37.④

| 38~39 | 다음은 국가시정 문화재 현황을 분석한 자료이다. 물음에 답하시오.

연도별 국가지정 문화재 현황

(단위 : 건)

	2014	2015	2016	2017	2018
계	3,583	3,622	3,877	3,940	3,999
국보	315	317	328	331	336
보물	1,813	1,842	2,060	2,107	2,146
사적	488	491	495	500	505
명승	109	109	109	110	112
천연기념물	454	455	456	457	459
국가무형문화재	a	122	135	138	142
국가민속문화재	284	286	294	297	299

2018년 행정구역별 국가지정 문화재 현황

	서울	경기·인천	강원	전라	충청	경상	제주	기타
계	1,021	365	191	609	463	1,172	86	92
국보	163	12	11	31	42	77	0	0
보물	706	190	81	291	239	630	9	0
사적	67	87	18	86	70	170	7	0
명승	3	5	25	28	13	29	9	0
천연기념물	b	33	42	95	43	123	49	62
국가무형문화재	29	16	3	24	8	28	4	30
국가민속문화재	41	22	11	54	48	115	8	0

38 위 자료에 대한 해석으로 옳은 것은?

① 2018년 수도권에서 가장 많은 문화재를 보유하고 있다.

② 2018년 전라지역의 보물 보유량은 전국 20%를 웃돈다.

③ 국가지정 문화재 중 사적이 차지하는 비중은 매년 상승하고 있다.

④ 2014년부터 2016년까지 명승에 대한 문화재 지정이 활발하게 이루어졌다.

 ① 수도권 서울, 경기·인천 지역은 1,386건으로 가장 많은 지정 문화재를 보유하고 있다.
② 2018년 보물 국가지정 문화재는 총 2,146건이며 전라 지역의 보물은 291건이므로
$291 \div 2,146 \times 100 = 13.6\%$이다.
③ 국가지정 문화재 중 사적이 차지하는 비중은 2014(13.6%), 2015(13.6%), 2016(12.7%),
2017(12.7%), 2018(12.6%)로 오히려 줄었다는 것을 알 수 있다.
④ 2014년부터 2016년까지 국가지정 문화재 중 명승의 수는 증가하지 않았으므로 추가적
인 지정은 이루어지지 않았음을 알 수 있다.

39 위 자료의 $\dfrac{a}{b}$ 의 값은?

① 13

② 12

③ 11

④ 10

 $a = 3,583 - (315 + 1,813 + 488 + 109 + 454 + 284) = 120$
$b = 1,021 - (163 + 706 + 67 + 3 + 29 + 41) = 12$
$\therefore \dfrac{a}{b} = 10$

Answer → 38.① 39.④

40 다음은 전국의 화훼 재배시설현황에 대한 자료이다. 다음을 잘못 해석한 것은?

〈전국 화훼 재배시설현황〉

(단위 : ha)

재배시설별		2016	2017	2018
합계		5,365.0	4,936.4	4,353.3
재배시설	소계	2,308.6	2,214.3	2,048.2
	철골유리	50.1	70.5	74.5
	철골경질(PC, PET)	129.6	132.6	146.0
	철파이프	ⓐ	1,963.2	1,778.9
	기타(목죽재 등)	50.6	48.0	48.8
노지	소계	3,056.4	2,722.0	2,305.1

① 화훼 재배시설의 규모가 매년 감소하고 있다.

② 철골경질 재배시설은 매년 철골유리보다 매년 2배 이상의 규모를 가진다.

③ 노지의 규모는 매년 감소 추세를 보이고 있다.

④ ⓐ에 들어갈 수치는 2,078.3이다.

 ② 2018년 철골유리는 74.5ha, 철골경질은 146.0ha로 철골유리의 2배(149ha)에 미치지 못한다.
① 화훼 재배시설의 규모는 2,308.6 → 2,214.3 → 2,048.2로 매년 감소하고 있다.
③ 노지의 규모는 3,056.4 → 2,722.0 → 2,305.1로 매년 감소하고 있다.
④ 재배시설의 소계가 2,308.6이므로 ⓐ에 들어갈 수치는 2,308.6−(50.1+129.6+50.6)=2,078.3이다.

41 다음은 서원고등학교 A반과 B반의 시험성적에 관한 표이다. 이에 대한 설명으로 옳지 않은 것은?

분류	A반 평균		B반 평균	
	남학생(20명)	여학생(15명)	남학생(15명)	여학생(20명)
국어	6.0	6.5	6.0	6.0
영어	5.0	5.5	6.5	5.0

① 국어과목의 경우 A반 학생의 평균이 B반 학생의 평균보다 높다.

② 영어과목의 경우 A반 학생의 평균이 B반 학생의 평균보다 낮다.

③ 2과목 전체 평균의 경우 A반 여학생의 평균이 B반 남학생의 평균보다 높다.

④ 2과목 전체 평균의 경우 A반 남학생의 평균은 B반 여학생의 평균과 같다.

(Tip)

① A반 평균 $= \dfrac{(20 \times 6.0) + (15 \times 6.5)}{20 + 15} = \dfrac{120 + 97.5}{35} = 6.2$

B반 평균 $= \dfrac{(15 \times 6.0) + (20 \times 6.0)}{15 + 20} = \dfrac{90 + 120}{35} = 6$

② A반 평균 $= \dfrac{(20 \times 5.0) + (15 \times 5.5)}{20 + 15} = \dfrac{100 + 82.5}{35} = 5.2$

B반 평균 $= \dfrac{(15 \times 6.5) + (20 \times 5.0)}{15 + 20} = \dfrac{97.5 + 100}{35} = 5.6$

③④ A반 남학생 $= \dfrac{6.0 + 5.0}{2} = 5.5$

B반 남학생 $= \dfrac{6.0 + 6.5}{2} = 6.25$

A반 여학생 $= \dfrac{6.5 + 5.5}{2} = 6$

B반 여학생 $= \dfrac{6.0 + 5.0}{2} = 5.5$

※ 다음은 쌀 수급 추이에 대한 표와 자료이다. 다음을 보고 물음에 답하시오.

쌀 수급 추이 [단위 : 천 톤]

	2005	2006	2007	2008	2009	2010	2011	2012	2013
공급량	6,042	5,838	5,756	5,361	5,787	6,216	6,131	5,645	5,294
– 이월	850	832	830	695	686	993	1,509	1,051	762
– 생산	5,000	4,768	4,680	4,408	4,843	4,916	4,295	4,224	4,006
– 수입	192	238	246	258	257	307	419	370	526
수요량	5,210	5,008	5,061	4,675	4,792	4,707	5,172	4,883	4,491
– 식량	3,815	3,860	3,789	3,755	3,684	3,678	3,610	3,554	3,435
– 가공	324	373	424	436	410	549	644	566	526
– 종자	42	41	41	40	40	39	37	36	36
– 기타	1,029	734	807	443	657	442	881	727	494
재고량	832	830	695	686	995	1,509	1,051	762	803

■ 지표 개념
• 이월 : 양곡연도말(10.31) 재고량
• 생산 : 양곡연도(11.1일부터 다음해 10.31일까지) 기준으로 전년도 생산량을 말함(수급기준으로 작성)
• 수입 : MMA(최소시장접근) 수입량으로 매년 증량됨
• 식량 : 주식으로 소비되는 물량(1인당 연간 소비량 * 인구수)
• 가공 : 떡·과자 등 가공식품 원료용과 주정용으로 소비되는 물량의 합
• 종자 : 농가가 종자용으로 소비하는 물량
• 기타 : 대북지원 물량, 감모 등 합계
• 재고량 : 양곡연도말(10.31) 기준 국가 전체 재고량으로 정부 보유곡 및 민간 재고량을 의미

42 위에 제시된 표와 자료를 잘못 해석한 것은?

① 생산량이 증가할수록 양곡연도말 재고는 증가하고, 식량소비량은 1인당 쌀 소비량 감소로 매년 2% 정도 줄어들고 있다.

② 전체 쌀 수요량은 '13년 4,491(천 톤)으로 '12년 대비(4,883천 톤) 감소했고 매년 수요량 감소를 하고 있다.

③ 쌀 식량수요량은 '12년 3,556(천 톤)으로 국민 1인당 소비량의 감소(매년 2% 내외)로 인해 매년 감소 추세이다.

④ 종자용 수요는 '13년과 '12년은 비슷하였으나, 재배면적 감소에 따라 매년 감소 추세이다.

(Tip) ② 꾸준한 감소가 아닌 매년 증감을 반복하고 있다.

▌43~44 ▌ 아래 두 표는 A, B 두 목격자의 도주자 성별에 대한 판정의 정확성을 정리한 것이다. 다음 물음에 답하시오.

A 목격자

실제성별 \ A의 결정	여자	남자	합
여자	35	15	50
남자	25	25	50
합	60	40	100

B 목격자

실제성별 \ B의 결정	여자	남자	합
여자	20	30	50
남자	5	45	50
합	25	75	100

43 실제 여성 도주자에 대한 B 목격자의 판정 성공률은?

① 20%
② 30%
③ 40%
④ 80%

 B의 여성 도주자에 대한 결정 중에서 20%만이 정확했으므로

$$\therefore \frac{20}{50} \times 100 = 40(\%)$$

44 다음 기술 중 옳은 것을 모두 고르면?

> ㉠ 전체 판정성공률은 B가 A보다 높다.
> ㉡ 실제 도주자가 여성일 때 판정성공률은 B가 A보다 높다.
> ㉢ 실제 도주자가 남성일 때 판정성공률은 B가 A보다 높다.
> ㉣ A, B 모두 여성 도주자에 대한 판정성공률이 남성 도주자에 대한 판정성공률보다 높다.

① ㉠   ② ㉠㉢
③ ㉠㉡㉢   ④ ㉡㉢㉣

 ㉠ 전체 판정성공률

- A : $\dfrac{35+25}{100}=60(\%)$

- B : $\dfrac{20+45}{100}=65(\%)$

∴ A < B

㉡ 실제 도주자가 여성일 때 판정성공률

- A : $\dfrac{35}{50}\times100=70(\%)$

- B : $\dfrac{20}{50}\times100=40(\%)$

∴ A > B

㉢ 실제 도주자가 남성일 때 판정성공률

- A : $\dfrac{25}{50}\times100=50(\%)$

- B : $\dfrac{45}{50}\times100=90(\%)$

∴ A < B

㉣ ㉡㉢에서 보면 A는 여성 도주자에 대한 판정성공률이 높고, B는 남성 도주자에 대한 판정성공률이 높다는 것을 알 수 있다.

45~46 ▎ 다음은 아동·청소년의 인구변화에 관한 표이다. 물음에 답하시오.

(단위 : 명)

연령＼연도	2000년	2005년	2010년
전체 인구	44,553,710	45,985,289	47,041,434
0~24세	18,403,373	17,178,526	15,748,774
0~9세	6,523,524	6,574,314	5,551,237
10~24세	11,879,849	10,604,212	10,197,537

45 다음 중 표에 관한 설명으로 가장 적절한 것은?

① 전체 인구수가 증가하는 이유는 0~9세 아동 인구 때문이다.

② 전체 인구 중 25세 이상보다 24세 이하의 인구수가 많다.

③ 전체 인구 중 10~24세 사이의 인구가 차지하는 비율은 변화가 없다.

④ 전체 인구 중 24세 이하의 인구가 차지하는 비율이 지속적으로 감소하고 있다.

 ① 0~9세 아동 인구는 점점 감소하고 있으므로 전체 인구수의 증가 이유와 관련이 없다.

② 연도별 25세의 인구수는 각각 26,150,337명, 28,806,766명, 31,292,660명으로 24세 이하의 인구수보다 많다.

③ 전체 인구 중 10~24세 사이의 인구가 차지하는 비율은 약 26.66%, 23.06%, 21.68%로 점점 감소하고 있다.

46 다음 중 비율이 가장 높은 것은?

① 2000년의 전체 인구 중에서 0~24세 사이의 인구가 차지하는 비율

② 2005년의 0~24세 인구 중에서 10~24세 사이의 인구가 차지하는 비율

③ 2010년의 전체 인구 중에서 0~24세 사이의 인구가 차지하는 비율

④ 2000년의 0~24세 인구 중에서 10~24세 사이의 인구가 차지하는 비율

 ① $\dfrac{18,403,373}{44,553,710} \times 100 ≒ 41.31 (\%)$　　② $\dfrac{10,604,212}{17,178,526} \times 100 ≒ 61.73 (\%)$

③ $\dfrac{15,748,774}{47,041,434} \times 100 ≒ 33.48 (\%)$　　④ $\dfrac{11,879,849}{18,403,373} \times 100 ≒ 64.55 (\%)$

Answer ↪ **44.②　45.④　46.④**

47 다음은 2008년 인구 상위 10개국과 2058년 예상 인구 상위 10개국에 대한 자료이다. 이에 대한 보기의 설명 중 옳지 않은 것을 모두 고른 것은?

〈표〉 2008년 인구 상위 10개국과 2058년 예상 인구 상위 10개국

(단위 : 백만 명)

구분 순위	2008년		2058년	
	국가	인구	국가	인구
1위	중국	1,311	인도	1,628
2위	인도	1,122	중국	1,437
3위	미국	299	미국	420
4위	인도네시아	225	나이지리아	299
5위	브라질	187	파키스탄	295
6위	파키스탄	166	인도네시아	285
7위	방글라데시	147	브라질	260
8위	러시아	146	방글라데시	231
9위	나이지리아	135	콩고	196
10위	일본	128	에티오피아	145

〈보기〉
㉠ 2008년 대비 2058년 인도의 인구는 중국의 인구보다 증가율이 낮을 것으로 예상된다.
㉡ 2008년 대비 2058년 미국의 인구는 중국의 인구보다 증가율이 낮을 것으로 예상된다.
㉢ 2008년 대비 2058년 콩고의 인구는 50% 이상 증가할 것으로 예상된다.
㉣ 2008년 대비 2058년 러시아의 인구는 감소할 것으로 예상된다.

① ㉠㉡
② ㉠㉣
③ ㉡㉣
④ ㉢㉣

 ㉠ 2008년 대비 2058년 인도의 인구는 45% 증가율을 보인다. 중국의 인구는 2008년 대비 2058년 약 9%의 증가율을 보이기 때문에 인도의 인구 증가율이 높을 것으로 예상된다.
㉡ 2008년 대비 2058년의 미국의 인구는 약 40%의 증가율을 보인다. 때문에 미국의 인구 증가율이 중국보다 높을 것으로 예상된다.

48 표준 업무시간이 80시간인 업무를 각 부서에 할당해 본 결과, 다음과 같은 표를 얻었다. 어느 부서의 업무효율이 가장 높은가?

부서명	투입인원(명)	개인별 업무시간(시간)	회의	
			횟수(회)	소요시간(시간/회)
A	2	41	3	1
B	3	30	2	2
C	4	22	1	4
D	3	27	2	1

※ 1) 업무효율 = $\frac{\text{표준 업무시간}}{\text{총 투입시간}}$

  2) 총 투입시간은 개인별 투입시간의 합임.

    개인별 투입시간 = 개인별 업무시간 + 회의 소요시간

  3) 부서원은 업무를 분담하여 동시에 수행할 수 있음.

  4) 투입된 인원의 업무능력과 인원당 소요시간이 동일하다고 가정함.

① A   ② B

③ C   ④ D

㉠ 총 투입시간 = 투입인원 ×개인별 투입시간

㉡ 개인별 투입시간 = 개인별 업무시간 + 회의 소요시간

㉢ 회의 소요시간 = 횟수(회)×소요시간(시간/회)

∴ 총 투입시간 = 투입인원 ×(개인별 업무시간 + 횟수 × 소요시간)

각각 대입해서 총 투입시간을 구하면,

A = $2 \times (41 + 3 \times 1) = 88$

B = $3 \times (30 + 2 \times 2) = 102$

C = $4 \times (22 + 1 \times 4) = 104$

D = $3 \times (27 + 2 \times 1) = 87$

업무효율 = $\frac{\text{표준 업무시간}}{\text{총 투입시간}}$ 이므로, 총 투입시간이 적을수록 업무효율이 높다. D의 총 투입시간이 87로 가장 적으므로 업무효율이 가장 높은 부서는 D이다.

Answer ↦ 47.① 48.④

49 다이어트 중인 영희는 품목별 가격과 칼로리, 오늘의 행사 제품 여부에 따라 물건을 구입하려고 한다. 예산이 10,000원이라고 할 때, 칼로리의 합이 가장 높은 조합은?

〈품목별 가격과 칼로리〉

품목	피자	돈가스	도넛	콜라	아이스크림
가격(원/개)	2,500	4,000	1,000	500	2,000
칼로리(kcal/개)	600	650	250	150	350

〈오늘의 행사〉

> 행사 1 : 피자 두 개 한 묶음을 사면 콜라 한 캔이 덤으로!
> 행사 2 : 돈가스 두 개 한 묶음을 사면 돈가스 하나가 덤으로!
> 행사 3 : 아이스크림 두 개 한 묶음을 사면 아이스크림 하나가 덤으로!
> 단, 행사는 품목당 한 묶음까지만 적용됩니다.

① 피자 2개, 아이스크림 2개, 도넛 1개
② 돈가스 2개, 피자 1개, 콜라 1개
③ 아이스크림 2개, 도넛 6개
④ 돈가스 2개, 도넛 2개

① 피자 2개, 아이스크림 2개, 도넛 1개를 살 경우, 행사 적용에 의해 피자 2개, 아이스크림 3개, 도넛 1개, 콜라 1개를 사는 효과가 있다. 따라서 총 칼로리는 (600 × 2) + (350 × 3) + 250 + 150 = 2,650kcal이다.
② 돈가스 2개(8,000원), 피자 1개(2,500원), 콜라 1개(500원)의 조합은 예산 10,000원을 초과한다.
③ 아이스크림 2개, 도넛 6개를 살 경우, 행사 적용에 의해 아이스크림 3개, 도넛 6개를 구입하는 효과가 있다. 따라서 총 칼로리는 (350 × 3) + (250 × 6) = 2,550kcal이다.
④ 돈가스 2개, 도넛 2개를 살 경우, 행사 적용에 의해 돈가스 3개, 도넛 2개를 구입하는 효과가 있다. 따라서 총 칼로리는 (650 × 3) + (250 × 2) = 2,450kcal이다.

50 다음은 다문화 가정 자녀의 취학 현황에 대한 조사표이다. 이 표에 대한 바른 해석으로 가장 적절한 것은?

(단위 : 명, %)

연도	다문화 가정의 취학 학생 수			전체 취학 학생 대비 비율
	국제 결혼 가정	외국인 근로자 가정	계	
2010	7,998	836	8,834	0.11
2011	13,445	1,209	14,654	0.19
2012	18,778	1,402	20,180	0.26
2013	24,745	1,270	26,015	0.35
2014	30,040	1,748	31,788	0.44

ⓐ 2010년보다 2014년의 전체 취학 학생 수가 더 적다.
ⓑ 다문화 가정 자녀의 교육에 대한 지원 필요성이 증가했을 것이다.
ⓒ 2013년에 비해 2014년에 다문화 가정의 취학 학생 수는 0.09% 증가하였다.
ⓓ 다문화 가정의 자녀 취학에서 외국인 근로자 가정의 자녀 취학이 차지하는 비중은 지속적으로 증가하였다.

① ⓐⓑ   ② ⓐⓒ
③ ⓑⓒ   ④ ⓑⓓ

 Tip
ⓒ 다문화 가정의 취학 학생 수가 26,015명에서 31,788명으로 약 22.2%가 증가하였다.
ⓓ 2013년에는 그 비중이 전년도에 비해 감소하였다.

 Answer⟶ 49.① 50.①

51~53 〈표 1〉은 대재 이상 학력자의 3개월간 일반도서 구입량에 대한 표이고 〈표 2〉는 20대 이하 인구의 3개월간 일반도서 구입량에 대한 표이다. 물음에 답하시오.

〈표 1〉 대재 이상 학력자의 3개월간 일반도서 구입량

	2006년	2007년	2008년	2009년
사례 수	255	255	244	244
없음	41%	48%	44%	45%
1권	16%	10%	17%	18%
2권	12%	14%	13%	16%
3권	10%	6%	10%	8%
4~6권	13%	13%	13%	8%
7권 이상	8%	8%	3%	5%

〈표 2〉 20대 이하 인구의 3개월간 일반도서 구입량

	2006년	2007년	2008년	2009년
사례 수	491	545	494	481
없음	31%	43%	39%	46%
1권	15%	10%	19%	16%
2권	13%	16%	15%	17%
3권	14%	10%	10%	7%
4~6권	17%	12%	13%	9%
7권 이상	10%	8%	4%	5%

51 2007년 20대 이하 인구의 3개월간 일반도서 구입량이 1권 이하인 사례는 몇 건인가? (소수 첫째자리에서 반올림할 것)

① 268건　　　　　　　　　　② 278건

③ 289건　　　　　　　　　　④ 정답 없음

 $545 \times (0.43 + 0.1) = 288.85 \rightarrow 289$건

52 2008년 대재 이상 학력자의 3개월간 일반도서 구입량이 7권 이상인 경우의 사례는 몇 건인가? (소수 둘째자리에서 반올림할 것)

① 7.3건　　　　　　　　　　② 7.4건

③ 7.5건　　　　　　　　　　④ 7.6건

　244 × 0.03 = 7.32건

53 위 표에 대한 설명으로 옳지 않은 것은?

① 20대 이하 인구가 3개월간 1권 이상 구입한 일반도서량은 해마다 증가하고 있다.

② 20대 이하 인구가 3개월간 일반도서 7권 이상 읽은 비중이 가장 낮다.

③ 20대 이하 인구가 3권 이상 6권 이하로 일반도서 구입하는 량은 해마다 감소하고 있다.

④ 대재 이상 학력자가 3개월간 일반도서 1권 구입하는 것보다 한 번도 구입한 적이 없는 경우가 더 많다.

　① 20대 이하 인구가 3개월간 1권 이상 구입한 일반도서량은 2007년과 2009년 전년에 비해 감소했다.

PLUS tip
- -
자료 해석에 있어 구별해야 할 용어

㉠ 대체로/일반적으로 증가(감소)한다

㉡ 해마다/지속적으로/꾸준히 증가(감소)한다

㉢ 증감이 반복된다/경향성을 예측할 수 없다

㉣ 자료를 통하여 판단하기 어렵다/알 수 없다

Answer↱ 51.③　52.①　53.①

┃54~57┃ 다음은 농업총수입과 농작물수입을 영농형태와 지역별로 나타낸 표이다. 표를 보고 물음에 답하시오.

영농형태	농업총수입(천 원)	농작물수입(천 원)
논벼	20,330	18,805
과수	34,097	32,382
채소	32,778	31,728
특용작물	45,534	43,997
화훼	64,085	63,627
일반밭작물	14,733	13,776
축산	98,622	14,069
기타	28,499	26,112

행정지역	농업총수입(천 원)	농작물수입(천 원)
경기도	24,785	17,939
강원도	27,834	15,532
충청북도	23,309	17,722
충청남도	31,583	18,552
전라북도	26,044	21,037
전라남도	23,404	19,129
경상북도	28,690	22,527
경상남도	28,478	18,206
제주도	29,606	28,141

54 제주도의 농업총수입은 경기도 농업총수입과 얼마나 차이나는가?

① 4,821(천 원)   ② 4,930(천 원)

③ 5,860(천 원)   ④ 6,896(천 원)

 29,606 − 24,785 = 4,821(천 원)

55 앞의 표에 대한 설명으로 옳지 않은 것은?

① 화훼는 과수보다 약 2배의 농업총수입을 얻고 있다.

② 축산의 농업총수입은 다른 영농형태보다 월등히 많은 수입을 올리고 있다.

③ 경기도는 농업총수입과 농작물수입이 충청남도보다 높다.

④ 강원도의 농작물수입은 다른 지역에 비해 가장 낮은 수입이다.

 ③ 경기도는 농업총수입과 농작물수입이 충청남도보다 낮다.

56 특용작물의 농업총수입은 일반밭작물의 몇 배인가? (소수점 둘째자리까지 구하시오)

① 1.26배   ② 2.95배

③ 3.09배   ④ 4.21배

 45,534 ÷ 14,733 = 3.09배

57 농업총수입이 가장 높은 영농형태와 농작물수입이 가장 낮은 영농형태로 이어진 것은?

① 일반밭작물 − 축산   ② 축산 − 일반밭작물

③ 특용작물 − 축산   ④ 과수 − 채소

 ② 축산(98,622천 원), 일반밭작물(13,776천 원)

Answer ↱ 54.① 55.③ 56.③ 57.②

초혼 부부의 연령차별 혼인 건수 및 구성비

초혼부부의 연령차별 혼인 건수												
		2003	2004	2005	2006	2007	2008	2009	2010	2011	2012	2013	전년대비 증감률
계*		233.9	231.3	232.0	255.2	265.5	249.4	236.7	254.6	258.6	257.0	255.6	−0.6
남자연상	소계	172.0	169.8	168.9	183.4	189.6	175.7	164.8	175.9	176.8	175.3	172.8	−1.4
	1~2세	62.8	61.3	61.0	66.0	69.6	65.0	62.4	66.4	67.9	67.6	66.7	−1.3
	3~5세	73.1	71.8	69.4	73.8	76.4	69.6	65.5	69.4	70.3	69.9	69.4	−0.7
	6~9세	28.0	27.6	27.0	28.4	29.2	26.3	24.6	25.7	25.9	25.9	25.9	0.0
	10세 이상	8.2	9.1	11.5	15.1	14.4	14.7	12.3	14.4	12.7	11.8	10.7	−9.6
동갑		34.4	33.9	35.0	39.3	41.4	39.5	38.1	40.8	42.3	41.7	41.4	−0.6
여자연상	소계	27.4	27.6	28.2	32.6	34.5	34.2	33.8	37.9	39.5	40.0	41.3	3.3
	1~2세	21.0	20.9	21.2	24.6	25.9	25.6	25.1	27.8	28.8	29.0	29.6	2.2
	3~5세	5.1	5.3	5.6	6.3	6.8	6.9	7.0	8.0	8.5	8.8	9.4	6.3
	6~9세	1.1	1.1	1.2	1.4	1.5	1.5	1.5	1.7	1.8	1.9	1.9	3.6
	10세 이상	0.2	0.2	0.2	0.2	0.3	0.3	0.3	0.3	0.3	0.3	0.3	20.0

구성비												
		2003	2004	2005	2006	2007	2008	2009	2010	2011	2012	2013	전년대비 증감
계*		100.0	100.0	100.0	100.0	100.0	100.0	100.0	100.0	100.0	100.0	100.0	−
남자연상	소계	73.6	73.4	72.8	71.8	71.4	70.4	69.6	69.1	68.4	68.2	67.6	−0.6
	1~2세	26.8	26.5	26.3	25.9	26.2	26.0	26.4	26.1	26.3	26.3	26.1	−0.2
	3~5세	31.3	31.0	29.9	28.9	28.8	27.9	27.7	27.3	27.2	27.2	27.2	0.0
	6~9세	12.0	11.9	11.7	11.1	11.0	10.6	10.4	10.1	10.0	10.1	10.2	0.1
	10세 이상	3.5	4.0	4.9	5.9	5.4	5.9	5.2	5.7	4.9	4.6	4.2	−0.4
동갑		14.7	14.7	15.1	15.4	15.6	15.9	16.1	16.0	16.4	16.2	16.2	0.0
여자연상	소계	11.7	11.9	12.1	12.8	13.0	13.7	14.3	14.9	15.3	15.6	16.2	0.6
	1~2세	9.0	9.0	9.1	9.6	9.7	10.2	10.6	10.9	11.1	11.3	11.6	0.3
	3~5세	2.2	2.3	2.4	2.5	2.6	2.8	3.0	3.2	3.3	3.4	3.7	0.2
	6~9세	0.5	0.5	0.5	0.5	0.6	0.6	0.6	0.7	0.7	0.7	0.8	0.0
	10세 이상	0.1	0.1	0.1	0.1	0.1	0.1	0.1	0.1	0.1	0.1	0.1	0.0

* 연령미상 제외

58 다음 자료에 대한 설명으로 바르지 않은 것은?

① 2013년 남녀 모두 초혼 부부 중 남자 연상부부는 67.6%, 동갑부부는 16.2%, 여자 연상부부는 16.2%이다.

② 남자 연상부부 비중은 지속적으로 감소 추세이고 여자 연상부부 비중은 지속적으로 증가추세 이다.

③ 동갑부부 비중은 등락을 보이다가 전년과 유사하다.

④ 연령차 남자 3~5세 연상 비중이 27.2%로 가장 많고 이는 꾸준히 증가추세이다.

 남자 3~5세 연상 비중이 가장 많으나 이는 꾸준히 감소 추세이다. 반면 여자 연상부부 비중은 모든 연령에서 꾸준히 증가 추세이다.

59 빈칸에 들어갈 알맞은 숫자로 짝지어진 것을 고르시오.

> 2013년에는 전년대비 남자 연상부부 비중은 _____하고, 동갑부부 비중은 전년과 유사하며 여자 연상부부 비중은 _____함.

① 0.5%p 감소, 0.6%p 증가

② 0.5%p 감소, 0.5%p 증가

③ 0.6%p 증가, 0.6%p 감소

④ 0.6%p 감소, 0.6%p 증가

 2012년 남자 연상부부 : 68.2%
2013년 남자 연상부부 : 67.6%
∴ 0.6% 감소
2012년 여자 연상부부 : 15.6%
2013년 여자 연상부부 : 16.2%
∴ 0.6% 증가

Answer ☞ 58.④ 59.④

┃60~61┃ 다음은 영희네 반 영어시험의 점수분포도이다. 물음에 답하시오.

점수(점)	0~20	20~40	40~60	60~80	80~90	90~100	합계
인원수(명)	3	㉠	15	24	㉡	3	60
상대도수	0.050	0.15	0.250	0.400	–	0.050	1

60 다음 중 ㉠에 알맞은 수는?

① 6명 ② 9명

③ 15명 ④ 20명

(Tip) $0.15 \times 60 = 9$(명)

61 다음 중 ㉡에 알맞은 수는?

① 3명 ② 4명

③ 5명 ④ 6명

(Tip) $60 - (3 + 9 + 15 + 24 + 3) = 6$(명)

┃62~63┃ 다음은 암 발생률에 대한 통계표이다. 표를 보고 물음에 답하시오.

암종	발생자수(명)	상대빈도(%)
위	25,809	18.1
대장	17,625	12.4
간	14,907	10.5
쓸개 및 기타담도	4,166	2.9
췌장	3,703	2.6
후두	1,132	0.8
폐	16,949	11.9
유방	9,898	6.9
신장	2,299	1.6
방광	2,905	2.0
뇌 및 중추신경계	1,552	1.1
갑상샘	12,649	8.9
백혈병	2,289	1.6
기타	26,727	18.7

62 기타를 제외하고 상대적으로 발병 횟수가 가장 높은 암은 가장 낮은 암의 몇 배나 발병하는 가? (소수 첫째자리에서 반올림하시오.)

① 23배   ② 24배

③ 25배   ④ 26배

 기타를 제외하고 위암이 18.1%로 가장 높고 후두암이 0.8%로 가장 낮다.
따라서 18.1 ÷ 0.8 = 22.625 ≒ 23배

63 폐암 발생자수는 백혈병 발생자수의 몇 배인가? (소수 첫째자리까지 구하시오)

① 6.8   ② 7.2

③ 7.4   ④ 8.2

 16,949 ÷ 2,289 ≒ 7.4배

Answer → 60.②   61.④   62.①   63.③

64 다음은 새해 토정비결과 궁합에 관하여 사람들의 믿는 정도를 조사한 결과이다. 둘 다 가장 믿을 확률이 높은 사람들은?

대상 \ 구분		토정비결(%)	궁합(%)
나이별	20대	30.5	35.7
	30대	33.2	36.2
	40대	45.9	50.3
	50대	52.5	61.9
	60대	50.3	60.2
학력별	초등학교 졸업	81.2	83.2
	중학교 졸업	81.1	83.3
	고등학교 졸업	52.4	51.6
	대학교 졸업	32.3	30.3
	대학원 졸업	27.5	26.2
성별	남자	45.2	39.7
	여자	62.3	69.5

① 초등학교 졸업 학력의 60대 여성
② 중학교 졸업 학력의 50대 여성
③ 고등학교 졸업 학력의 40대 남성
④ 대학교 졸업 학력의 30대 남성

 나이별로는 50대, 학력별로는 초등학교 · 중학교 졸업한 사람들, 성별로는 여자가 믿는 확률이 높다.

▌65~67 ▌ 다음은 OECD회원국의 총부양비 및 노령화 지수(단위 : %)를 나타낸 표이다. 물음에 답하시오.

국가별	인구			총부양비		노령화 지수
	0~14세	15~64세	65세 이상	유년	노년	
한국	16.2	72.9	11.0	22	15	67.7
일본	13.2	64.2	22.6	21	35	171.1
터키	26.4	67.6	6.0	39	9	22.6
캐나다	16.3	69.6	14.1	23	20	86.6
멕시코	27.9	65.5	6.6	43	10	23.5
미국	20.2	66.8	13.0	30	19	64.1
칠레	22.3	68.5	9.2	32	13	41.5
오스트리아	14.7	67.7	17.6	22	26	119.2
벨기에	16.7	65.8	17.4	25	26	103.9
덴마크	18.0	65.3	16.7	28	26	92.5
핀란드	16.6	66.3	17.2	25	26	103.8
프랑스	18.4	64.6	17.0	28	26	92.3
독일	13.4	66.2	20.5	20	31	153.3
그리스	14.2	67.5	18.3	21	27	128.9
아일랜드	20.8	67.9	11.4	31	17	54.7
네덜란드	17.6	67.0	15.4	26	23	87.1
폴란드	14.8	71.7	13.5	21	19	91.5
스위스	15.2	67.6	17.3	22	26	113.7
영국	17.4	66.0	16.6	26	25	95.5

Answer♪➡ 64.②

65 위 표에 대한 설명으로 옳지 않은 것은?

① 장래 노년층을 부양해야 되는 부담이 가장 큰 나라는 일본이다.

② 위에서 제시된 국가 중 세 번째로 노령화 지수가 큰 나라는 그리스이다.

③ 아일랜드는 OECD 회원국 중 노령화 지수가 낮은 다섯 나라 중 하나이다.

④ 0~14세 인구 비율이 가장 낮은 나라는 독일이다.

 독일과 일본은 0~14세 인구 비율이 낮은데 그 중에서 가장 낮은 나라는 일본으로 0~14세 인구가 전체 인구의 13.2%이다.

66 65세 이상 인구 비율이 다른 나라에 비해 높은 국가를 큰 순서대로 차례로 나열한 것은?

① 일본, 독일, 그리스 ② 일본, 그리스, 독일

③ 일본, 영국, 독일 ④ 일본, 독일, 영국

 일본(22.6%), 독일(20.5%), 그리스(18.3%)

67 노령화 지수는 15세 미만 인구 대비 65세 이상 노령인구의 백분율($\text{노령화 지수} = \dfrac{65\text{세 이상 인구}}{15\text{세 미만 인구}} \times 100$)로 인구의 노령화 정도를 나타내는 지표이다. 우리나라 15세 미만 인구가 890만 명일 때, 65세 이상 노령인구는 몇 명인가?

① 6,025,300명 ② 5,982,350명

③ 4,598,410명 ④ 3,698,560명

$$\frac{x}{8,900,000} \times 100 = 67.7$$
$$x = 6,025,300(\text{명})$$

68 다음은 세계 초고층 건물의 층수와 실제높이를 나타낸 것이다. 건물의 층수에 따른 예상높이를 계산하는 식이 '예상높이(m) = 2 × 층수 + 200'과 같이 주어질 때, 예상높이와 실제높이의 차이가 큰 건물을 순서대로 바르게 나열한 것은?

건물 이름	층수	실제높이(m)
시어스 타워	108	442
엠파이어 스테이트 빌딩	102	383
타이페이 101	101	509
페트로나스 타워	88	452
진 마오 타워	88	421

① 페트로나스 타워 > 타이페이 101 > 진 마오 타워 > 엠파이어 스테이트 빌딩 > 시어스 타워
② 페트로나스 타워 > 테이페이 101 > 시어스 타워 > 진 마오 타워 > 엠파이어 스테이트 빌딩
③ 타이페이 101 > 페트로나스 타워 > 시어스 타워 > 엠파이어 스테이트 빌딩 > 진 마오 타워
④ 타이페이 101 > 페트로나스 타워 > 진 마오 타워 > 시어스 타워 > 엠파이어 스테이트 빌딩

 계산식에 따라 각 건물의 예상높이를 구하면 다음과 같다.

건물 이름	층수	실제높이(m)	예상높이(m)	예상높이와 실제높이의 차(m)
시어스 타워	108	442	416	26
엠파이어 스테이트 빌딩	102	383	404	21
타이페이 101	101	509	402	107
페트로나스 타워	88	452	376	76
진 마오 타워	88	421	376	45

69 다음 〈표〉는 임신과 출산 관련 항목별 진료건수 및 진료비에 관한 자료이다. 이에 대한 설명 중 옳은 것은?

〈표 1〉 연도별 임신과 출산 관련 진료건수

(단위 : 천 건)

연도 진료항목	2008	2009	2010	2011	2012	2013
분만	668	601	517	509	483	451
검사	556	2,490	3,308	3,715	3,754	3,991
임신장애	583	814	753	709	675	686
불임	113	254	297	374	422	466
기타	239	372	266	251	241	222
전체	2,159	4,531	5,141	5,558	5,575	5,816

〈표 2〉 연도별 임신과 출산 관련 진료비

(단위 : 억 원)

연도 진료항목	2008	2009	2010	2011	2012	2013
분만	3,295	3,008	2,716	2,862	2,723	2,909
검사	97	395	526	594	650	909
임신장애	607	639	590	597	606	619
불임	43	74	80	105	132	148
기타	45	71	53	52	54	49
전체	4,087	4,187	3,965	4,210	4,165	4,634

① 2008년 대비 2013년에 진료건수와 진료비 모두 가장 높은 증가율을 보인 항목은 '검사'이다.

② 2013년에 진료건당 진료비가 가장 큰 두 항목은 '분만'과 '불임'이다.

③ 2009~2013년에 임신과 출산 관련 항목 전체의 진료건당 진료비는 지속적으로 감소하였다.

④ 2008~2013년에 매년 '분만' 항목의 진료비는 다른 모든 항목들의 진료비를 합한 금액의 2배 이상이었다.

 ② 2005년에 진료건당 진료비가 가장 큰 두 항목은 '분만'과 '임신장애'이다.
③ 2013년에는 전년 대비 임신과 출산 관련 항목 전체의 진료건당 진료비가 증가하였다.
④ '분만 항목의 진료비가 다른 모든 항목들을 합한 금액의 2배 이상인 해는 2008~2011년까지이다.

70 다음은 어느 여행사의 관광 상품 광고이다. 갑동이 부부가 주중에 여행을 갈 경우, 하루 평균 가격이 가장 저렴한 관광 상품은?

관광지	일정	일인당 가격	비고
백두산	5일	599,000원	·
일본	6일	799,000원	주중 20% 할인
호주	10일	1,999,000원	동반자 50% 할인

① 백두산 ② 일본
③ 호주 ④ 모두 같다

(Tip) 백두산 : (599,000원 × 2명) ÷ 5일 = 239,600원/일
일본 : (799,000원 × 2명 × 0.8) ÷ 6일 ≒ 213,067원/일
호주 : (1,999,000 × 1.5) ÷ 10일 = 299,850원/일

도형추리검사

▌1~5▌ 다음에 제시되는 도형의 규칙을 적용하여 마지막에 제시되어야 하는 도형을 고르시오.

규칙	
A	B
도형 색깔 변환	상하대칭

1

① ②

③ ④

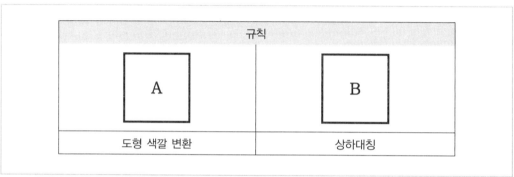

2

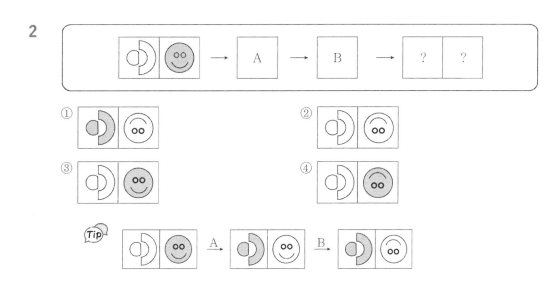

3

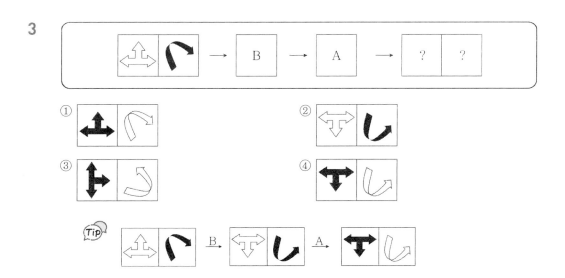

4

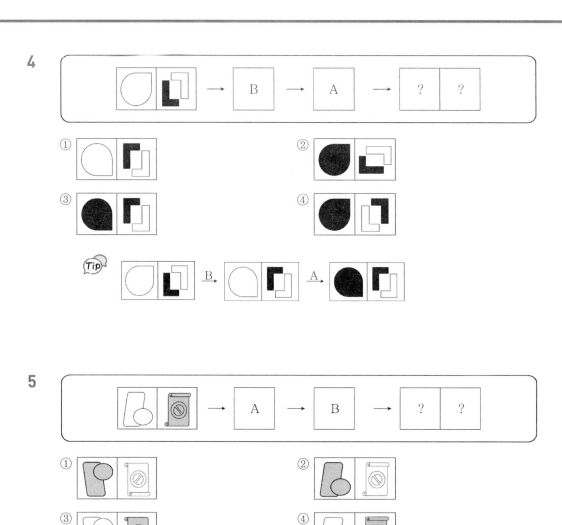

▌6~10▌ 다음에 제시되는 도형의 규칙을 적용하여 마지막에 제시되어야 하는 도형을 고르시오.

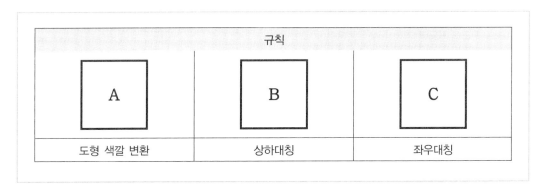

6

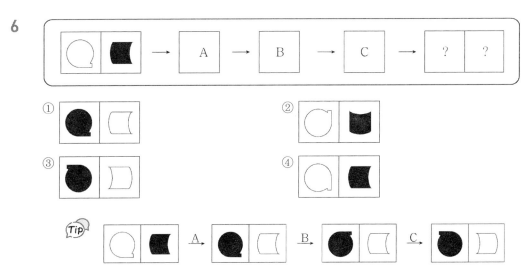

7

8

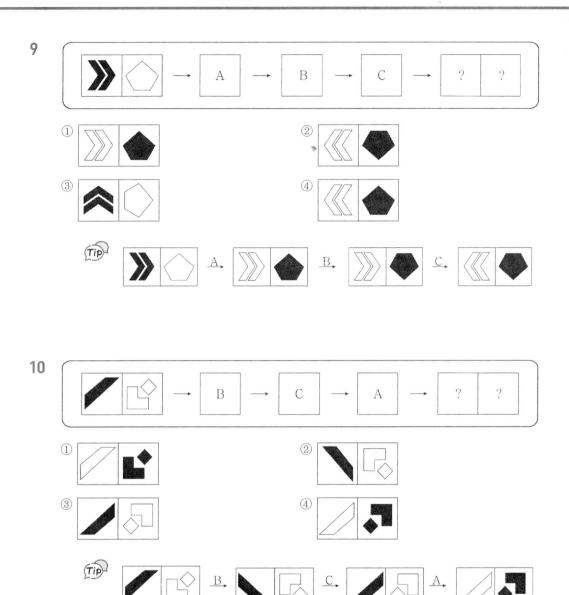

▌11~15▌ 다음에 제시되는 도형의 규칙을 적용하여 마지막에 제시되어야 하는 도형을 고르시오.
(단, Y는 모양 같음, N은 모양 다름이다)

규칙		
b	#	@
좌우대칭	해당 칸 모양 원래 모양과 비교	색깔반전

11

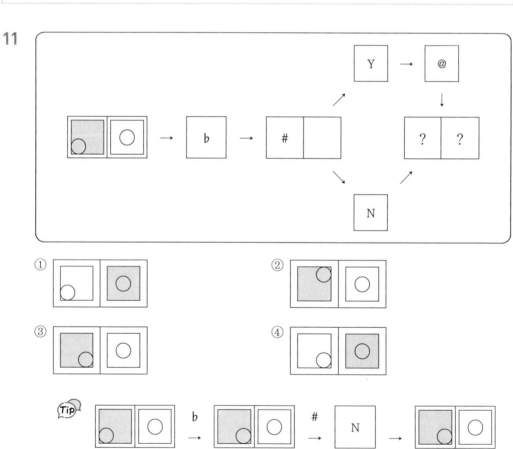

12

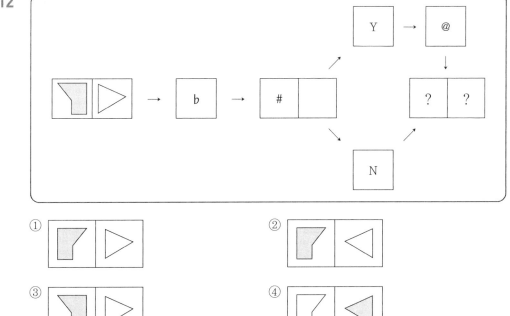

①

②

③

④

13

① 　　②

③ 　　④

Tip

14

①   ②

③   ④

(Tip)

15

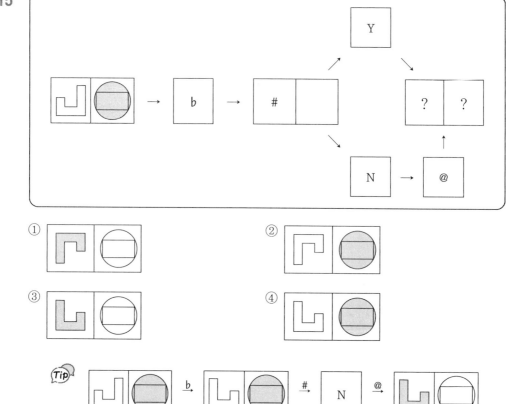

①
②
③
④

– 예제 –

※ 제시된 도형을 아래의 [변환] 규칙과 [비교] 규칙에 따라 변환시킨다고 할 때, '?'에 들어갈 도형으로 알
  맞은 것을 고르시오.

[변환]

⇨⇨	1열을 2열로 복제
⇩⇩	1행을 2행으로 복제
↶	가운데를 기준으로 반시계방향으로 한 칸씩 이동
⇧⇩	1행과 3행을 교환

[비교]

□	해당 칸의 최초 도형과 '모양'을 비교
◁	해당 칸의 최초 도형과 모양이 같으면 1열씩 왼쪽으로 이동
△	해당 칸의 최초 도형과 모양이 다르면 1행씩 위로 이동
■	해당 칸의 최초 도형과 '색깔'을 비교
◕	해당 칸의 최초 도형과 색깔이 같으면 해당 행 색 반전
◔	해당 칸의 최초 도형과 색깔이 다르면 해당 열 색 반전

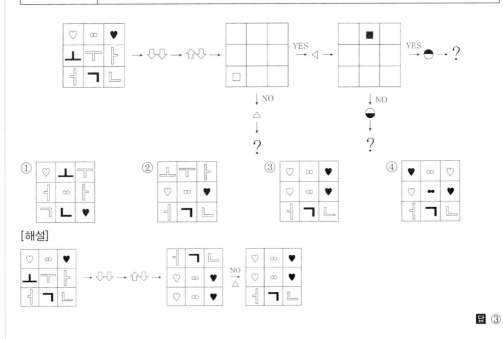

[해설]

답 ③

16~20 제시된 도형을 아래의 [변환] 규칙과 [비교] 규칙에 따라 변환시킨다고 할 때, '?'에 들어갈 도형으로 알맞은 것은?

[변환]	
◐◑	1열을 3열로 복제
◖◗	1행을 2행으로 복제
☐☐	가운데를 기준으로 시계방향으로 한 칸씩 이동
▲▲	1열과 3열을 교환

[비교]	
△	해당 칸의 최초 도형과 '모양'을 비교
◐	해당 칸의 최초 도형과 모양이 같으면 1열씩 오른쪽으로 이동
▨	해당 칸의 최초 도형과 모양이 다르면 1행씩 아래로 이동
◘	해당 칸의 최초 도형과 '색깔'을 비교
▣	해당 칸의 최초 도형과 색깔이 같으면 해당 열 색 반전
◈	해당 칸의 최초 도형과 색깔이 다르면 해당 행 색 반전

16

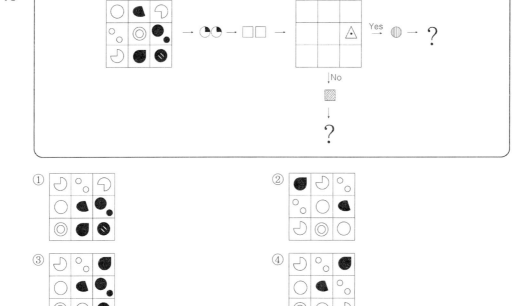

① ② ③ ④

(Tip)

17

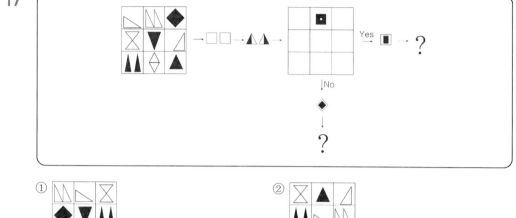

①

②

③

④

Tip

18

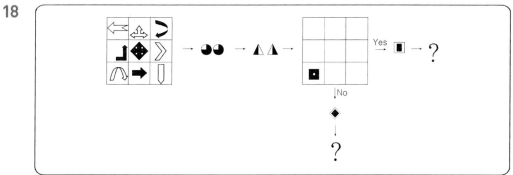

①

②

③

④

 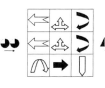 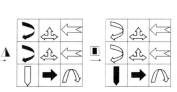

19

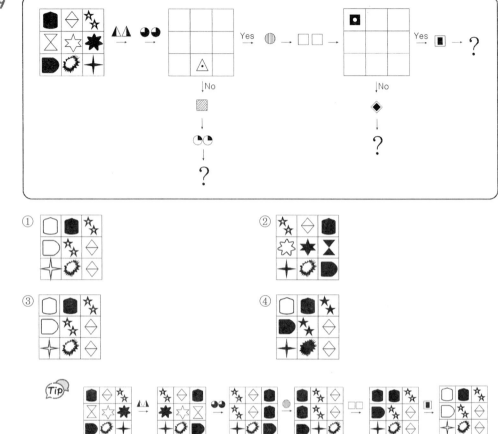

① 　　②

③ 　　④

Tip

20

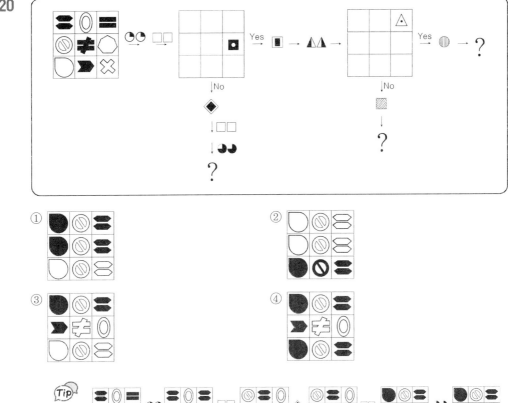

① ② ③ ④

■ 21~25 ■ 다음 〈예시〉를 참고하여 주어진 각 도형을 거치면서 표가 변화하는 규칙을 파악하여 '?' 에 들어갈 알맞은 것을 고르시오.

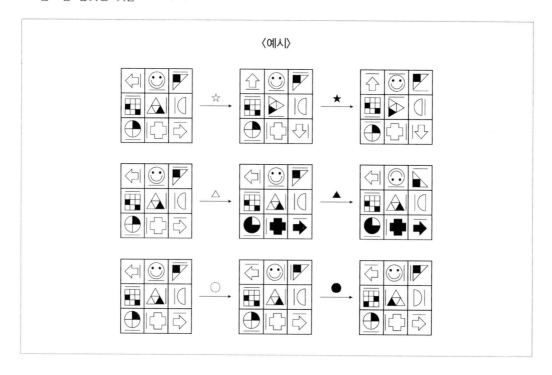

〈예시〉

21

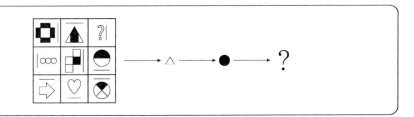

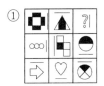

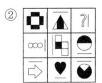

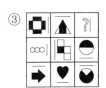

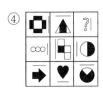

Tip ☆ : 대각선(╲)에 위치한 전체(도형+직선) 시계방향으로 90° 회전

★ : 모든 직선을 반대 방향으로 이동

△ : 3행 도형을 색반전

▲ : 1행 도형을 상하대칭

○ : 1행 직선을 반시계방향으로 90° 회전

● : 2행 전체(도형+직선) 좌우대칭

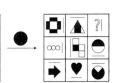

Answer → 21.③

22

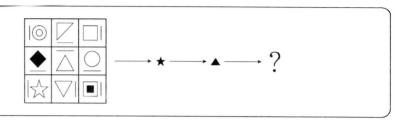

①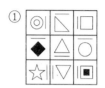

②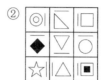

③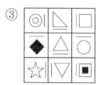

④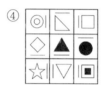

 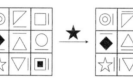 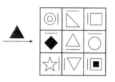

23

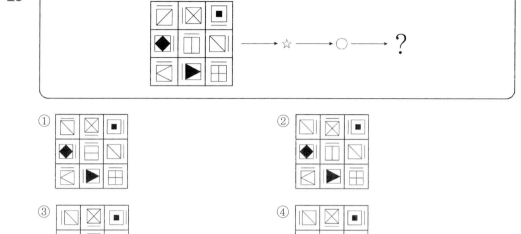

①
②
③
④

Tip

24

①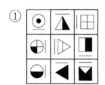

②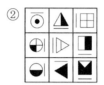

③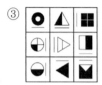

④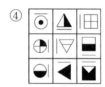

(Tip)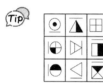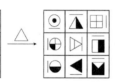

25

① ②

③ ④

(Tip)

■26~30■ 다음 [조건 1], [조건 2], [조건 3]을 적용하면 다음과 같은 규칙이 될 때, ‘?'에 들어갈 도형으로 알맞은 것은?

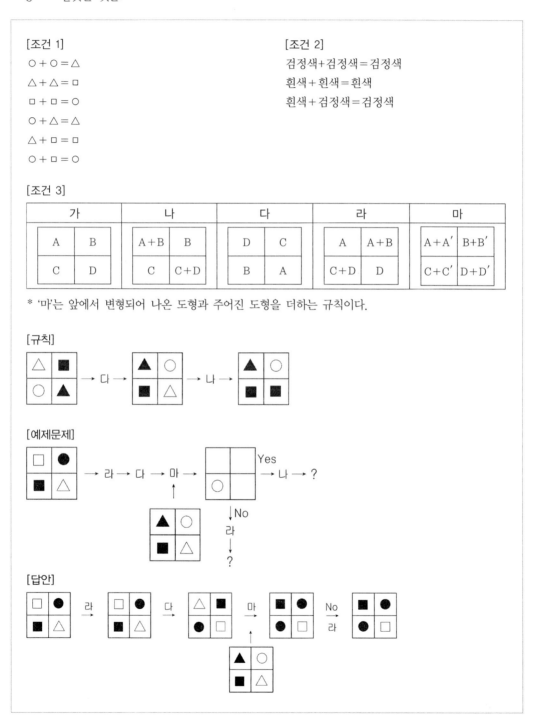

26

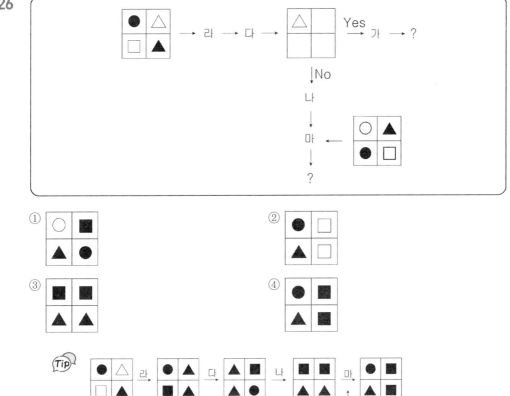

①
②
③
④

(Tip)

27

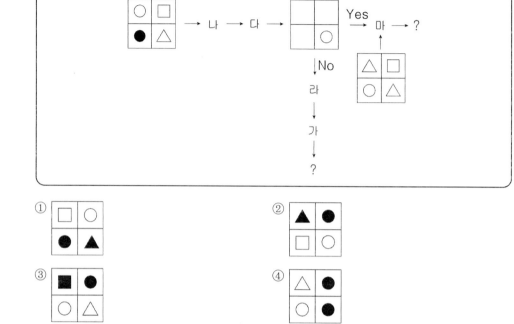

①

□	○
●	▲

②

▲	●
□	○

③

■	●
○	△

④

△	●
○	●

28

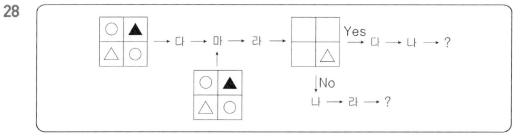

①

②

③

④

(Tip)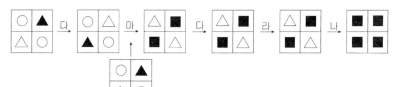

29

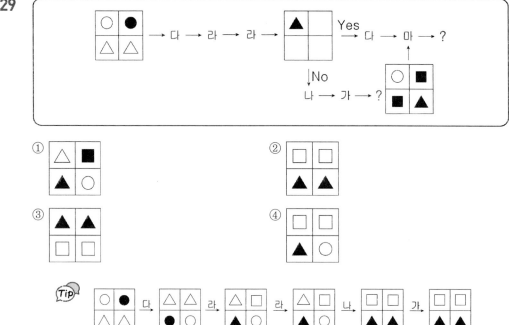

①
△	■
▲	○

②
□	□
▲	▲

③
▲	▲
□	□

④
□	□
▲	○

(Tip)

30

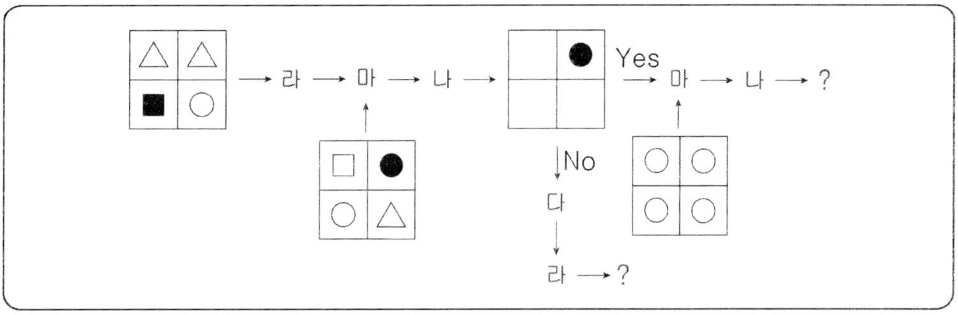

① 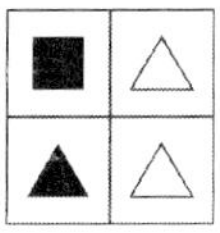 　②

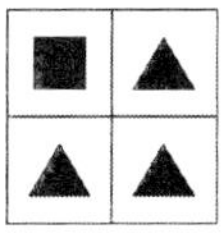

③ 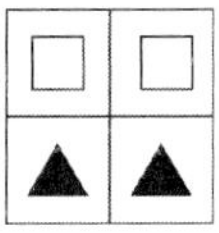 　④

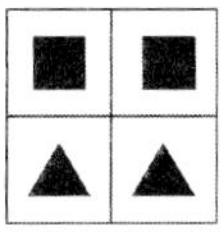

Tip

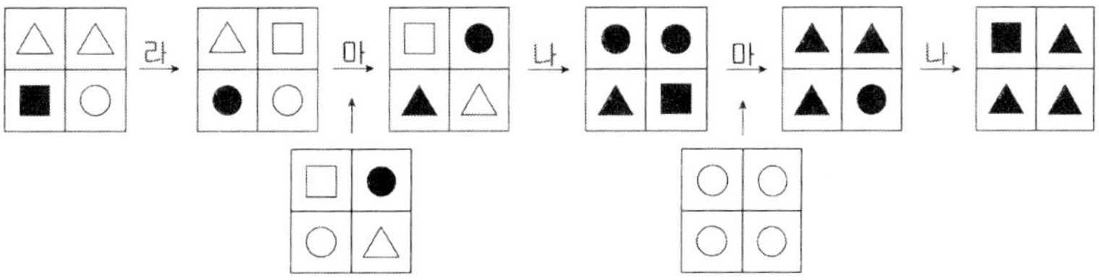

▌31~40▌ 다음에 제시된 예를 보고 $와 !에 들어갈 도형으로 옳은 것을 고르시오.

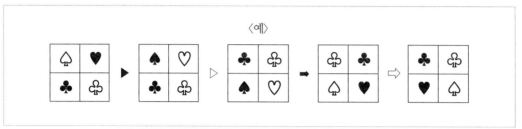

31

① ★ ♡
② ☆ ★
③ ★ ☆
④ ☆ ♥

(Tip) 제시된 예의 규칙을 파악하면 다음과 같다.
▶ 1행 색 반전
▷ 1행과 2행 교환
➡ 전체 색 반전
⇨ 1열과 2열 교환

32

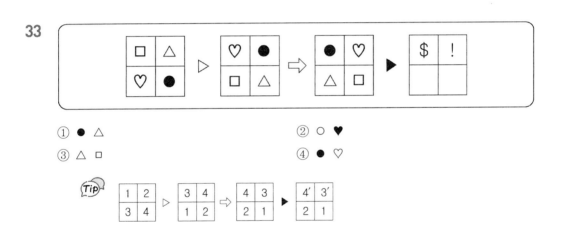

① ○ ▲

② ■ ○

③ ○ ■

④ ○ △

33

① ● △

② ○ ♥

③ △ □

④ ● ♡

34

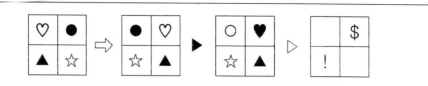

① ▲ ●   ② △ ○

③ △ ●   ④ ▲ ○

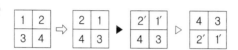

35

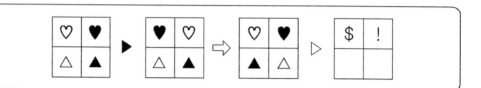

① ▲ △   ② △ ▲

③ ♡ ♥   ④ ♥ ♡

36

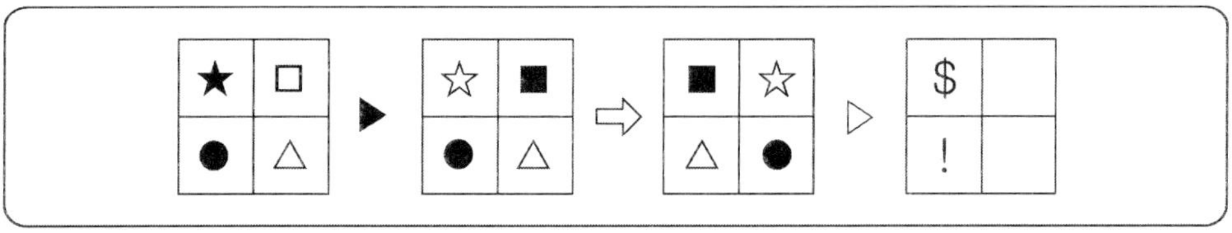

① ● ☆   ② △ ■

③ ○ ★   ④ ▲ □

Tip

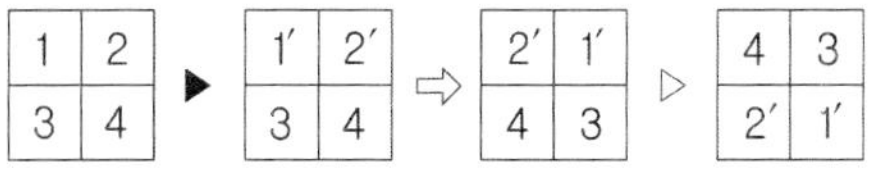

1	2
3	4

▶

1′	2′
3	4

⇨

2′	1′
4	3

▷

4	3
2′	1′

37

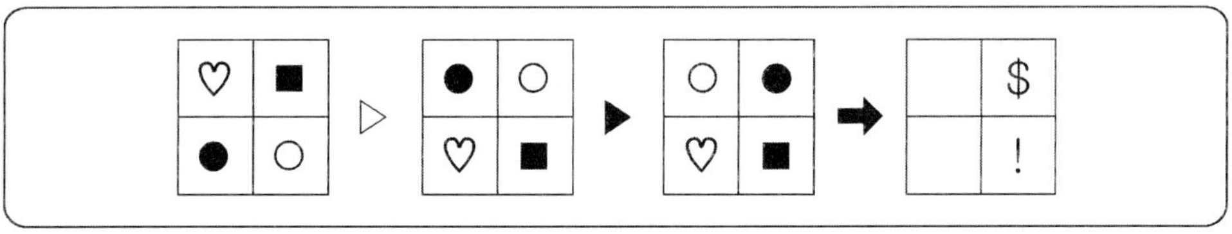

① ♡ ○   ② ♥ ■

③ ● □   ④ ○ □

Tip

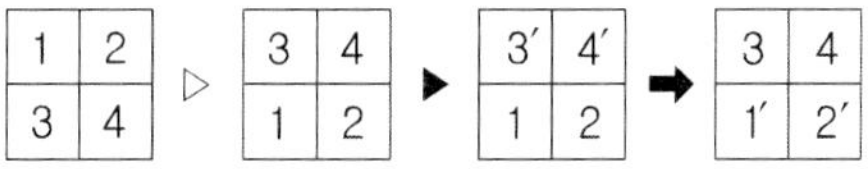

1	2
3	4

▷

3	4
1	2

▶

3′	4′
1	2

➡

3	4
1′	2′

Answer → 34.④   35.①   36.②   37.④

38

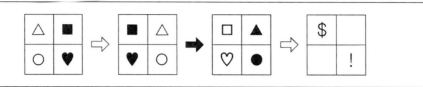

① △ ■

② ○ ♥

③ ▲ ♡

④ □ ♡

 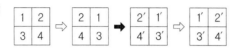

39

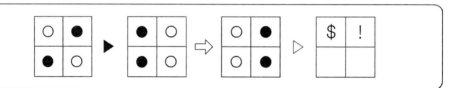

① ○ ●

② ○ ○

③ ● ●

④ ● ○

1	2
3	4

▶

1′	2′
3	4

⇨

2′	1′
4	3

▷

4	3
2′	1′

40

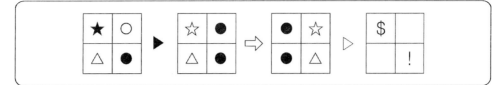

① ○ ☆
② ● ☆
③ △ ●
④ ▲ ○

[예제문제]

[예제1]	[예제2]	[문제]

① A B

③ A B

⑤ A B

답 A B

④ A B

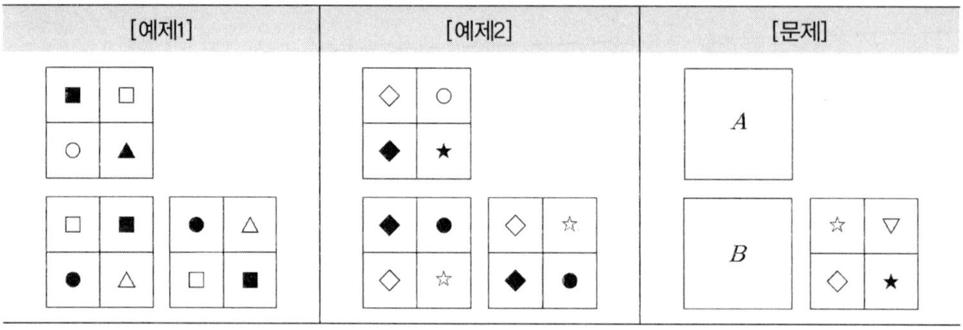

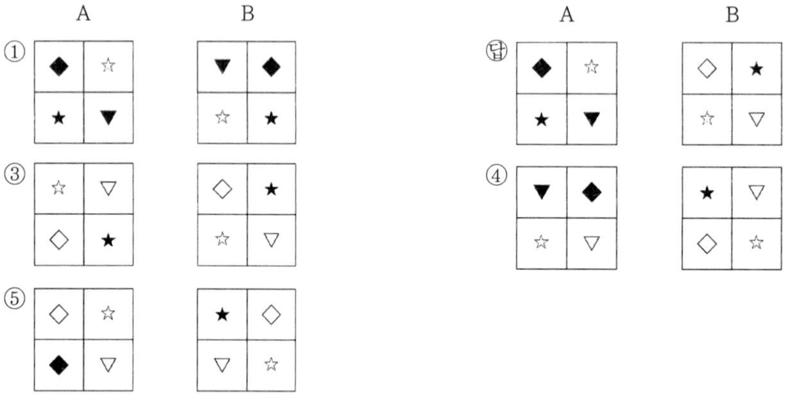

(Tip) 세로규칙 : 색 반전

가로규칙 : 위, 아래 행 바뀜

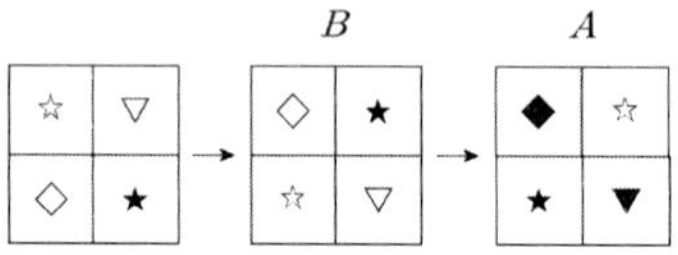

B　　　A

41

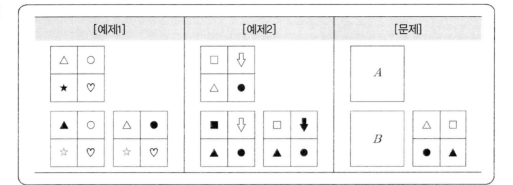

	A	B		A	B
①			②		

① A: △ ■ / ○ ▲   B: ▲ ■ / ● ▲

② A: △ □ / ● ▲   B: △ ■ / ○ ▲

③ A: ▲ □ / ● △   B: △ ■ / ○ ▲

④ A: ▲ ■ / ○ △   B: △ □ / ● ▲

세로규칙 : 1열의 색 반전
가로규칙 : 1행의 색 반전

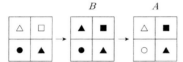

Answer ↪ 41.①

42

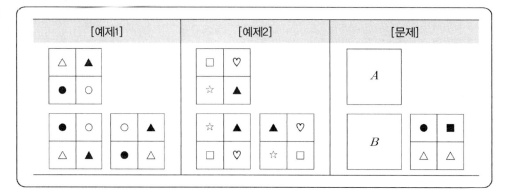

	A	B
①	△ □ / ● △	△ ● / △ □
②	△ ■ / △ ●	△ ● / △ ■
③	△ □ / ▲ ○	△ ○ / ▲ □
④	□ △ / △ ●	△ ▲ / □ ●

세로규칙 : 1행과 2행 바꿈

가로규칙 : 반시계 방향으로 한 칸씩 이동

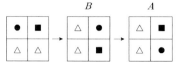

43

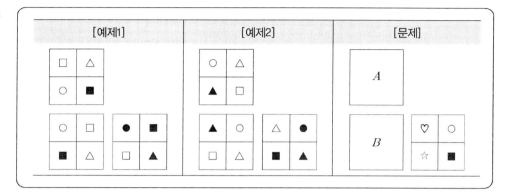

A | B | A | B

①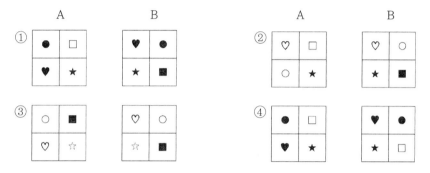

②

③

④

Tip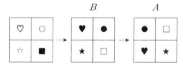

세로규칙 : 시계 방향으로 한 칸씩 이동
가로규칙 : 색 반전

44

[예제1]	[예제2]	[문제]

[예제1]:
| △ | □ |
| ○ | ● |

| □ | ● | | ● | □ |
| △ | ○ | | ○ | △ |

[예제2]:
| ▲ | ■ |
| ○ | △ |

| ■ | △ | | △ | ■ |
| ▲ | ○ | | ○ | ▲ |

[문제]:

A

| B | | ♡ | ☆ |
| | | ○ | ♥ |

A B

①
| ♥ | ☆ |
| ○ | ♥ |
　
| ☆ | ♡ |
| ♥ | ○ |

②
| ♥ | ☆ |
| ○ | ♡ |
　
| ★ | ♥ |
| ♡ | ○ |

③
| ♡ | ★ |
| ● | ♥ |
　
| ♡ | ○ |
| ♥ | ★ |

④
| ♡ | ○ |
| ★ | ● |
　
| ♡ | ○ |
| ♥ | ★ |

Tip 세로규칙 : 반시계 방향으로 한 칸씩 이동
　　　가로규칙 : 1열과 2열 바꿈

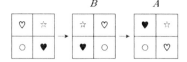

45

[예제1]	[예제2]	[문제]

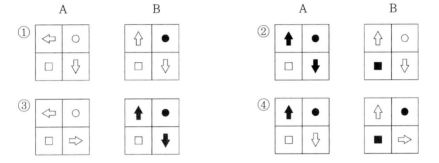

A   B   A   B

①   ②

③   ④

Tip 세로규칙 : 색 반전
가로규칙 : 시계 방향으로 한 칸씩 이동

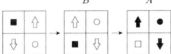

46

[예제1]	[예제2]	[문제]

[예제1]

☆	●
♡	⇧

★	●		★	●
♥	⇧		◀	⇨

[예제2]

♡	□
▲	○

♥	□		♥	□
△	○		▽	○

[문제]

A

B

	○
▽	■

①
A
♡	○
▷	■

B
♡	○
△	■

②
A
♥	○
△	□

B
♥	○
□	△

③
A
♥	○
▷	□

B
♥	○
▽	■

④
A
♡	○
▶	■

B
♥	○
▷	■

Tip 세로규칙 : 1열의 색 반전
가로규칙 : 2행의 도형을 오른쪽으로 90° 회전

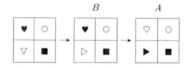

47

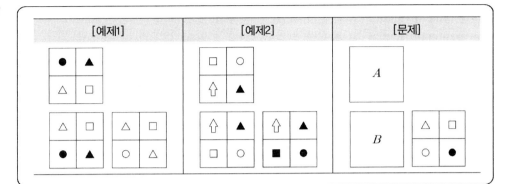

A   B   A   B

①   ②

③   ④

(Tip) 세로규칙 : 1행과 2행 바꿈
가로규칙 : 2행의 색 반전

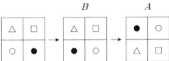

48

[예제1]	[예제2]	[문제]

[예제1]

| ○ | ☆ |
| □ | ▲ |

| □ | ○ | | □ | ● |
| ▲ | ☆ | | ▲ | ★ |

[예제2]

| ● | △ |
| ○ | □ |

| ○ | ● | | ○ | ○ |
| □ | △ | | □ | ▲ |

[문제]

A

B

| □ | △ |
| ● | ■ |

①
A
| ▲ | □ |
| □ | ● |

B
| □ | ▲ |
| ● | □ |

②
A
| ▲ | □ |
| □ | ● |

B
| ■ | △ |
| ○ | ■ |

③
A
| □ | ▲ |
| ● | □ |

B
| ■ | ○ |
| △ | □ |

④
A
| △ | □ |
| □ | ○ |

B
| □ | ● |
| △ | □ |

Tip 세로규칙 : 시계 방향으로 한 칸씩 이동
가로규칙 : 2열의 색 반전

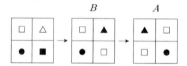

49

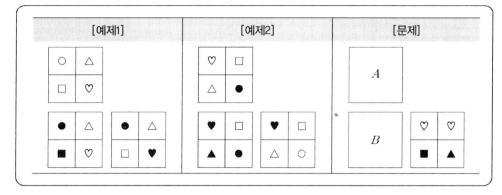

	A		B
①	♥ ♥ / □ △		♡ ♥ / □ △
②	♡ ♥ / □ ▲		♡ ♡ / ■ ▲
③	♥ ♡ / ■ △		♥ ♥ / □ △
④	♥ ♡ / ■ △		♡ ♡ / □ △

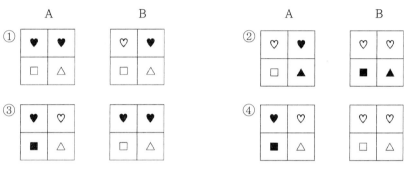

(Tip) 세로규칙 : 1열의 색 반전
가로규칙 : 2행의 색 반전

50

[예제1]	[예제2]	[문제]

예제1:

☆	□
▲	○

▲	○		△	●
☆	□		★	■

예제2:

♡	△
●	○

●	○		○	●
♡	△		♥	▲

문제:

A

B		□	△
		●	♡

---

①

A
●	♥
□	♡

B
□	△
●	♥

②

A
♥	○
♥	□

B
□	▲
○	♥

③

A
□	♡
○	♡

B
■	▲
○	♥

④

A
○	♥
■	▲

B
■	▲
○	♥

Tip

세로규칙 : 1행과 2행 바꿈
가로규칙 : 색 반전

□	△	→ B	■	▲	→ A	○	♥
●	♡		○	♥		■	▲

51~60 다음 주어진 조건에 따라 변환했을 때, '?'에 들어갈 알맞은 수를 구하시오.

	표시한 자리에 있는 문자 위치 바꾸기
	홀수끼리만 묶어서 시계방향으로 세 칸 이동
	음영의 위치를 시계방향으로 세 칸 이동
	색칠한 칸에 있는 문자를 수로 바꾸어 더하기
	색칠한 칸에 있는 문자를 수로 바꾸어 곱하기
	순서도 결과 값이 해당 수보다 큰지 판단하기
	순서도 결과 값이 해당 수보다 작은지 판단하기

A	B	C	D	E	F	G	H	I	J	K	L	M	N	O	P	Q	R	S	T	U	V	W	X	Y	Z
1	2	3	4	5	6	7	8	9	10	11	12	13	14	15	16	17	18	19	20	21	22	23	24	25	26

Answer 50.④

51

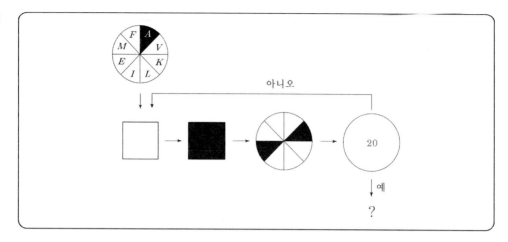

① 20   ② 21

③ 22   ④ 23

 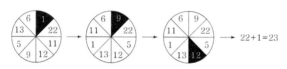

52

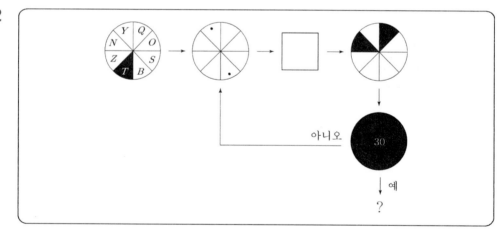

① 29   ② 30

③ 31   ④ 32

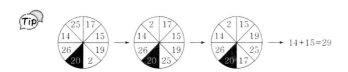

53

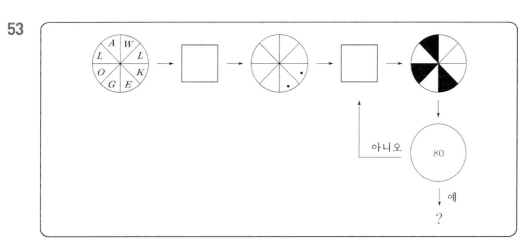

① 88

② 100

③ 825

④ 725

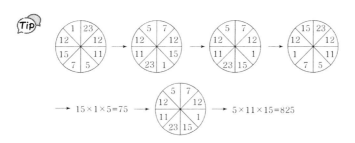

$$\longrightarrow 15 \times 1 \times 5 = 75 \longrightarrow \boxed{} \longrightarrow 5 \times 11 \times 15 = 825$$

Answer⟶ 51.④ 52.① 53.③

54

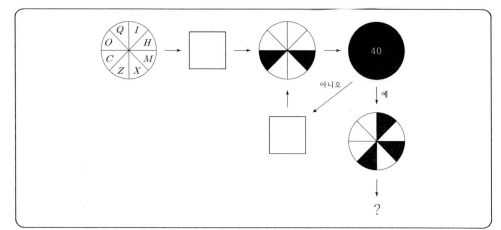

① 1000   ② 1100

③ 1150   ④ 1170

 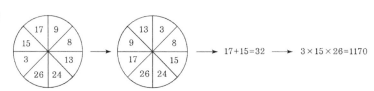

$$17+15=32 \longrightarrow 3 \times 15 \times 26 = 1170$$

55

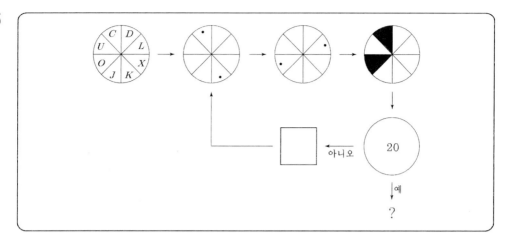

① 20　　　　　　　　　　　　② 21

③ 22　　　　　　　　　　　　④ 23

 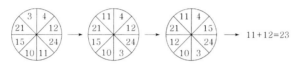 → 11+12=23

56

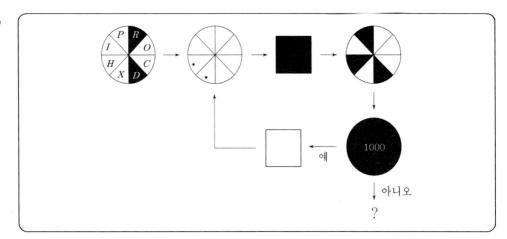

① 1342

② 1456

③ 1536

④ 1753

 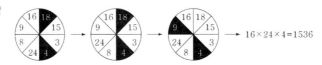

$16 \times 24 \times 4 = 1536$

57

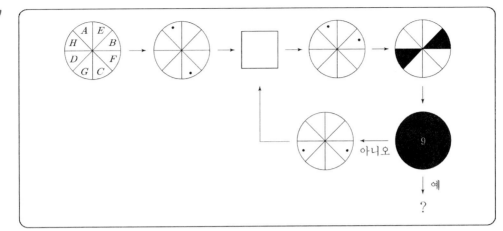

① 4   ② 6

③ 8   ④ 10

(Tip)

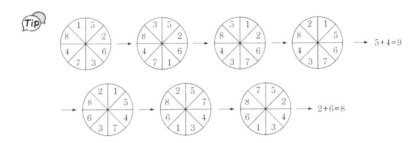

58

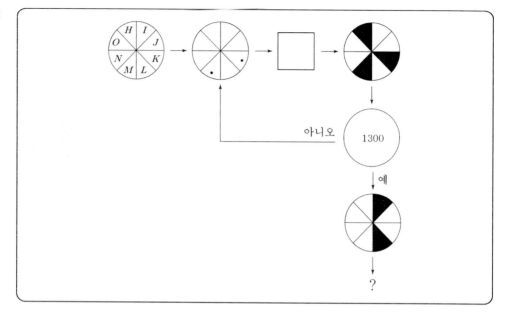

① 20

② 25

③ 30

④ 35

 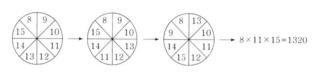

→ 13+12=25

59

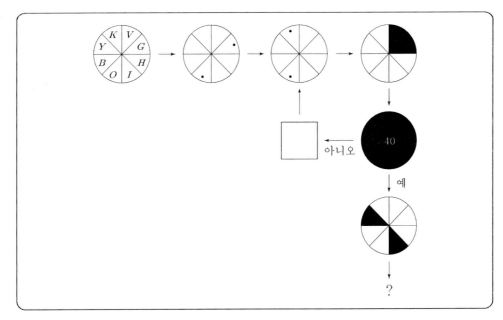

① 30

② 32

③ 33

④ 34

→ 22+15=37

→ 25+9=34

60

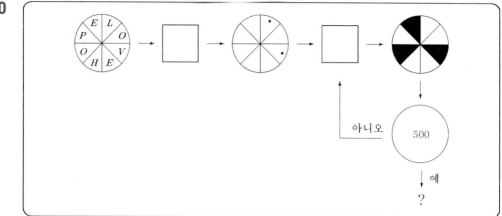

① 600
② 700
③ 800
④ 900

 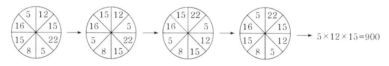

$5 \times 12 \times 15 = 900$

│61~70│ 다음 제시된 도형의 규칙이 다음과 같을 때, 규칙을 적용한 결과로 알맞은 것을 고르시오.

[규칙1] 1열과 3열의 도형 위치를 바꾼다.

[규칙2] 각 도형을 시계방향으로 90° 회전시킨다.

[규칙3] 각 도형의 색을 반전한다.

[규칙4] 2행과 3행의 도형 위치를 바꾼다.

[규칙5] 각 도형을 좌우대칭한다.

Answer↪ 60.④

61

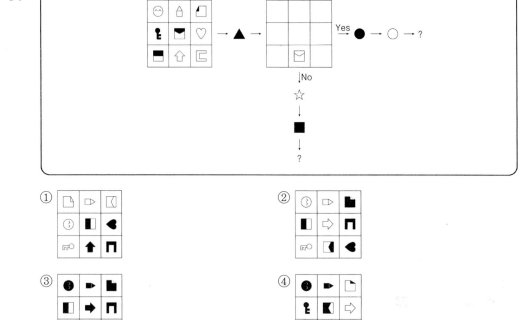

62

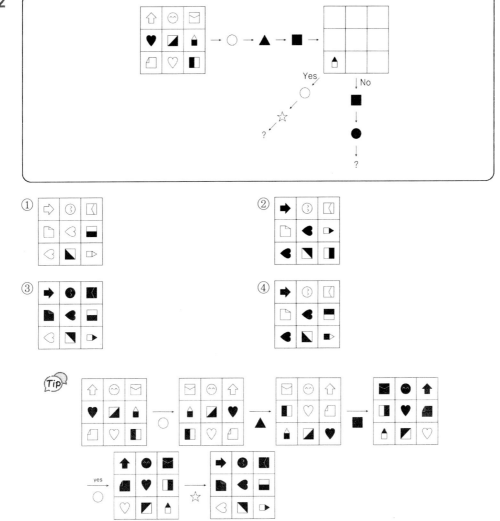

63

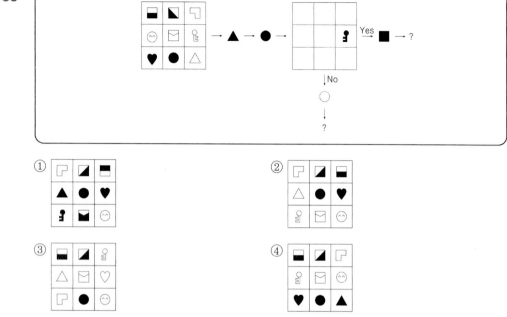

①

②

③

④

64

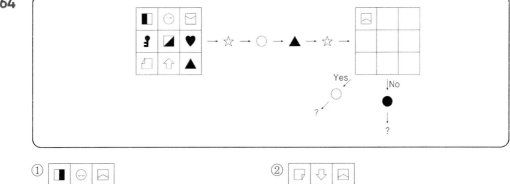

①

②

③

④

(Tip)

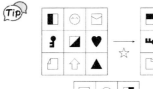

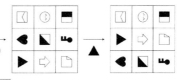

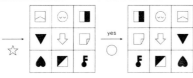

Answer → 63.② 64.④

65

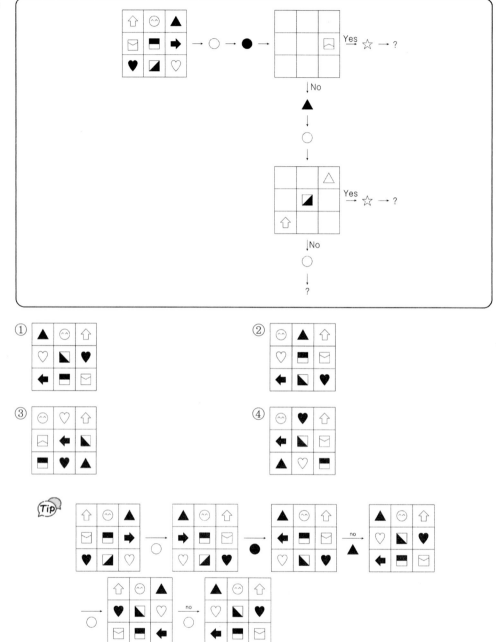

66

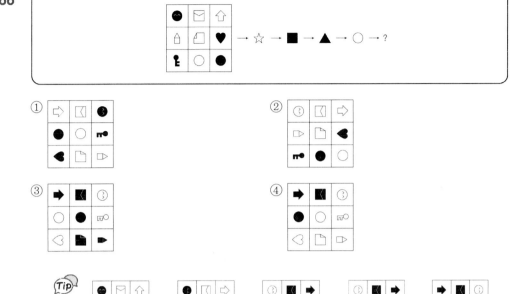

① ② ③ ④

67

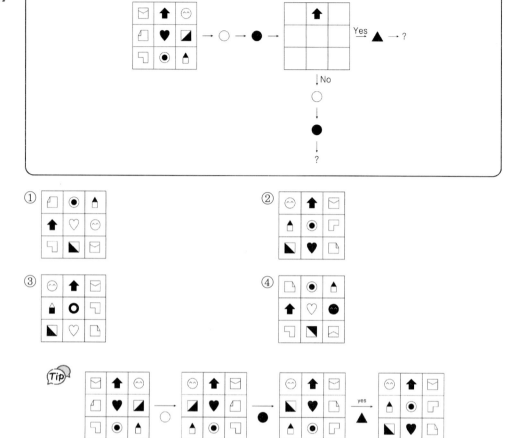

68

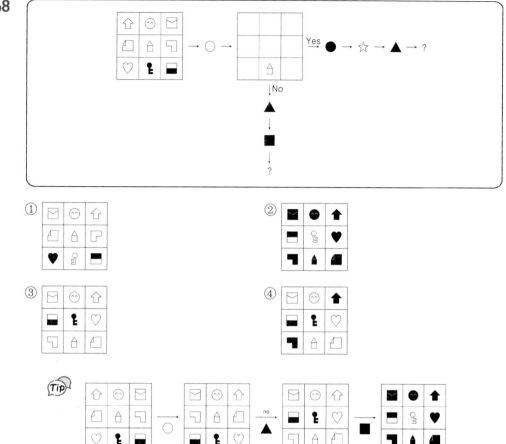

69

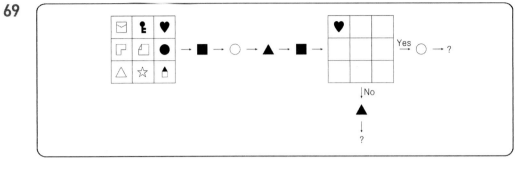

①

②

③

④

Tip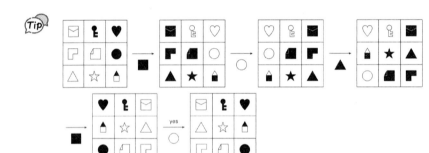

70

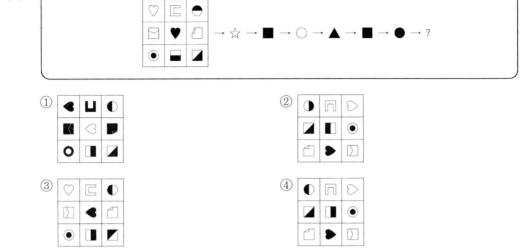

① ② ③ ④

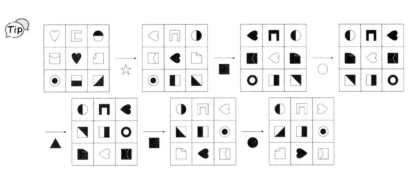

PART

III

인성검사

01 인성검사의 이해

1 인성(성격)검사의 개념과 목적

인성(성격)이란 개인을 특징짓는 평범하고 일상적인 사회적 이미지, 즉 지속적이고 일관된 공적 성격(Public – personality)이며, 환경에 대응함으로써 선천적·후천적 요소의 상호작용으로 결정화된 심리적·사회적 특성 및 경향을 의미한다.

인성검사는 직무적성검사를 실시하는 대부분의 기업체에서 병행하여 실시하고 있으며, 인성검사만 독자적으로 실시하는 기업도 있다.

기업체에서는 인성검사를 통하여 각 개인이 어떠한 성격 특성이 발달되어 있고, 어떤 특성이 얼마나 부족한지, 그것이 해당 직무의 특성 및 조직문화와 얼마나 맞는지를 알아보고 이에 적합한 인재를 선발하고자 한다. 또한 개인에게 적합한 직무 배분과 부족한 부분을 교육을 통해 보완하도록 할 수 있다.

인성검사의 측정요소는 검사방법에 따라 차이가 있다. 또한 각 기업체들이 사용하고 있는 인성검사는 기존에 개발된 인성검사방법에 각 기업체의 인재상을 적용하여 자신들에게 적합하게 재개발하여 사용하는 경우가 많다. 그러므로 기업체에서 요구하는 인재상을 파악하여 그에 따른 대비책을 준비하는 것이 바람직하다. 본서에서 제시된 인성검사는 크게 '특성'과 '유형'의 측면에서 측정하게 된다.

2 성격의 특성

(1) 정서적 측면

정서적 측면은 평소 마음의 당연시하는 자세나 정신상태가 얼마나 안정되어 있는지 또는 불안정한지를 측정한다.

정서의 상태는 직무수행이나 대인관계와 관련하여 태도나 행동으로 드러난다. 그러므로 정서적 측면을 측정하는 것에 의해, 장래 조직 내의 인간관계에 어느 정도 잘 적응할 수 있을까(또는 적응하지 못할까)를 예측하는 것이 가능하다.

그렇기 때문에, 정서적 측면의 결과는 채용 시에 상당히 중시된다. 아무리 능력이 좋아도 장기적으로 조직 내의 인간관계에 잘 적응할 수 없다고 판단되는 인재는 기본적으로는 채용되지 않는다.

일반적으로 인성(성격)검사는 채용과는 관계없다고 생각하나 정서적으로 조직에 적응하지 못하는 인재는 채용단계에서 가려내지는 것을 유의하여야 한다.

① **민감성**(신경도) … 꼼꼼함, 섬세함, 성실함 등의 요소를 통해 일반적으로 신경질적인지 또는 자신의 존재를 위협받는다는 불안을 갖기 쉬운지를 측정한다.

질문	전혀 그렇지 않다	그렇지 않다	그렇다	매우 그렇다
• 배려적이라고 생각한다.				
• 어지러진 방에 있으면 불안하다.				
• 실패 후에는 불안하다.				
• 세세한 것까지 신경쓴다.				
• 이유 없이 불안할 때가 있다.				

▶측정결과

㉠ **'그렇다'가 많은 경우**(상처받기 쉬운 유형) : 사소한 일에 신경 쓰고 다른 사람의 사소한 한마디 말에 상처를 받기 쉽다.
  • 면접관의 심리 : '동료들과 잘 지낼 수 있을까?', '실패할 때마다 위축되지 않을까?'
  • 면접대책 : 다소 신경질적이라도 능력을 발휘할 수 있다는 평가를 얻도록 한다. 주변과 충분한 의사소통이 가능하고, 결정한 것을 실행할 수 있다는 것을 보여주어야 한다.
㉡ **'그렇지 않다'가 많은 경우**(정신적으로 안정적인 유형) : 사소한 일에 신경 쓰지 않고 금방 해결하며, 주위 사람의 말에 과민하게 반응하지 않는다.
  • 면접관의 심리 : '계약할 때 필요한 유형이고, 사고 발생에도 유연하게 대처할 수 있다.'
  • 면접대책 : 일반적으로 '민감성'의 측정치가 낮으면 플러스 평가를 받으므로 더욱 자신감 있는 모습을 보여준다.

② **자책성(과민도)** ⋯ 자신을 비난하거나 책망하는 정도를 측정한다.

질문	전혀 그렇지 않다	그렇지 않다	그렇다	매우 그렇다
• 후회하는 일이 많다.				
• 자신이 하찮은 존재라 생각된다.				
• 문제가 발생하면 자기의 탓이라고 생각한다.				
• 무슨 일이든지 끙끙대며 진행하는 경향이 있다.				
• 온순한 편이다.				

▶측정결과

㉠ '그렇다'가 많은 경우(자책하는 유형) : 비관적이고 후회하는 유형이다.
- **면접관의 심리** : '끙끙대며 괴로워하고, 일을 진행하지 못할 것 같다.'
- **면접대책** : 기분이 저조해도 항상 의욕을 가지고 생활하는 것과 책임감이 강하다는 것을 보여준다.

㉡ '그렇지 않다'가 많은 경우(낙천적인 유형) : 기분이 항상 밝은 편이다.
- **면접관의 심리** : '안정된 대인관계를 맺을 수 있고, 외부의 압력에도 흔들리지 않는다.'
- **면접대책** : 일반적으로 '자책성'의 측정치가 낮아야 좋은 평가를 받는다.

③ **기분성(불안도)** ⋯ 기분의 굴곡이나 감정적인 면의 미숙함이 어느 정도인지를 측정하는 것이다.

질문	전혀 그렇지 않다	그렇지 않다	그렇다	매우 그렇다
• 다른 사람의 의견에 자신의 결정이 흔들리는 경우가 많다.				
• 기분이 쉽게 변한다.				
• 종종 후회한다.				
• 다른 사람보다 의지가 약한 편이라고 생각한다.				
• 금방 싫증을 내는 성격이라는 말을 자주 듣는다.				

▶측정결과

㉠ '그렇다'가 많은 경우(감정의 기복이 많은 유형) : 의지력보다 기분에 따라 행동하기 쉽다.
- 면접관의 심리 : '감정적인 것에 약하며, 상황에 따라 생산성이 떨어지지 않을까?'
- 면접대책 : 주변 사람들과 항상 협조한다는 것을 강조하고 한결같은 상태로 일할 수 있다는 평가를 받도록 한다.
㉡ '그렇지 않다'가 많은 경우(감정의 기복이 적은 유형) : 감정의 기복이 없고, 안정적이다.
- 면접관의 심리 : '안정적으로 업무에 임할 수 있다.'
- 면접대책 : 기분성의 측정치가 낮으면 플러스 평가를 받으므로 자신감을 가지고 면접에 임한다.

④ 독자성(개인도) … 주변에 대한 견해나 관심, 자신의 견해나 생각에 어느 정도의 속박감을 가지고 있는지를 측정한다.

질문	전혀 그렇지 않다	그렇지 않다	그렇다	매우 그렇다
• 창의적 사고방식을 가지고 있다.				
• 융통성이 있는 편이다.				
• 혼자 있는 편이 많은 사람과 있는 것보다 편하다.				
• 개성적이라는 말을 듣는다.				
• 교제는 번거로운 것이라고 생각하는 경우가 많다.				

▶측정결과

㉠ '그렇다'가 많은 경우 : 자기의 관점을 중요하게 생각하는 유형으로, 주위의 상황보다 자신의 느낌과 생각을 중시한다.
- 면접관의 심리 : '제멋대로 행동하지 않을까?'
- 면접대책 : 주위 사람과 협조하여 일을 진행할 수 있다는 것과 상식에 얽매이지 않는다는 인상을 심어 준다.
㉡ '그렇지 않다'가 많은 경우 : 상식적으로 행동하고 주변 사람의 시선에 신경을 쓴다.
- 면접관의 심리 : '다른 직원들과 협조하여 업무를 진행할 수 있겠다.'
- 면접대책 : 협조성이 요구되는 기업체에서는 플러스 평가를 받을 수 있다.

⑤ **자신감**(자존심도) … 자기 자신에 대해 얼마나 긍정적으로 평가하는지를 측정한다.

질문	전혀 그렇지 않다	그렇지 않다	그렇다	매우 그렇다
• 다른 사람보다 능력이 뛰어나다고 생각한다.				
• 다소 반대의견이 있어도 나만의 생각으로 행동할 수 있다.				
• 나는 다른 사람보다 기가 센 편이다.				
• 동료가 나를 모욕해도 무시할 수 있다.				
• 대개의 일을 목적한 대로 헤쳐나 갈 수 있다고 생각한다.				

▶**측정결과**

㉠ **'그렇다'가 많은 경우** : 자기 능력이나 외모 등에 자신감이 있고, 비판당하는 것을 좋아하지 않는다.
 • **면접관의 심리** : '자만하여 지시에 잘 따를 수 있을까?'
 • **면접대책** : 다른 사람의 조언을 잘 받아들이고, 겸허하게 반성하는 면이 있다는 것을 보여주고, 동료들과 잘 지내며 리더의 자질이 있다는 것을 강조한다.

㉡ **'그렇지 않다'가 많은 경우** : 자신감이 없고 다른 사람의 비판에 약하다.
 • **면접관의 심리** : '패기가 부족하지 않을까?', '쉽게 좌절하지 않을까?'
 • **면접대책** : 극도의 자신감 부족으로 평가되지는 않는다. 그러나 마음이 약한 면은 있지만 의욕적으로 일을 하겠다는 마음가짐을 보여준다.

⑥ **고양성**(분위기에 들뜨는 정도) … 자유분방함, 명랑함과 같이 감정(기분)의 높고 낮음의 정도를 측정한다.

질문	전혀 그렇지 않다	그렇지 않다	그렇다	매우 그렇다
• 침착하지 못한 편이다.				
• 다른 사람보다 쉽게 우쭐해진다.				
• 모든 사람이 아는 유명인사가 되고 싶다.				
• 모임이나 집단에서 분위기를 이끄는 편이다.				
• 취미 등이 오랫동안 지속되지 않는 편이다.				

▶측정결과

㉠ **'그렇다'가 많은 경우** : 자극이나 변화가 있는 일상을 원하고 기분을 들뜨게 하는 사람과 친밀하게 지내는 경향이 강하다.

• 면접관의 심리 : '일을 진행하는 데 변덕스럽지 않을까?'

• 면접대책 : 밝은 태도는 플러스 평가를 받을 수 있지만, 착실한 업무능력이 요구되는 직종에서는 마이너스 평가가 될 수 있다. 따라서 자기조절이 가능하다는 것을 보여준다.

㉡ **'그렇지 않다'가 많은 경우** : 감정이 항상 일정하고, 속을 드러내 보이지 않는다.

• 면접관의 심리 : '안정적인 업무 태도를 기대할 수 있겠다.'

• 면접대책 : '고양성'의 낮음은 대체로 플러스 평가를 받을 수 있다. 그러나 '무엇을 생각하고 있는지 모르겠다' 등의 평을 듣지 않도록 주의한다.

⑦ **허위성(진위성)** … 필요 이상으로 자기를 좋게 보이려 하거나 기업체가 원하는 '이상형'에 맞춘 대답을 하고 있는지, 없는지를 측정한다.

질문	전혀 그렇지 않다	그렇지 않다	그렇다	매우 그렇다
• 약속을 깨뜨린 적이 한 번도 없다. • 다른 사람을 부럽다고 생각해 본 적이 없다. • 꾸지람을 들은 적이 없다. • 사람을 미워한 적이 없다. • 화를 낸 적이 한 번도 없다.				

▶측정결과

㉠ **'그렇다'가 많은 경우** : 실제의 자기와는 다른, 말하자면 원칙으로 해답할 가능성이 있다.

• 면접관의 심리 : '거짓을 말하고 있다.'

• 면접대책 : 조금이라도 좋게 보이려고 하는 '거짓말쟁이'로 평가될 수 있다. '거짓을 말하고 있다.'는 마음 따위가 전혀 없다 해도 결과적으로는 정직하게 답하지 않는다는 것이 되어 버린다. '허위성'의 측정 질문은 구분되지 않고 다른 질문 중에 섞여 있다. 그러므로 모든 질문에 솔직하게 답하여야 한다. 또한 자기 자신과 너무 동떨어진 이미지로 답하면 좋은 결과를 얻지 못한다. 그리고 면접에서 '허위성'을 기본으로 한 질문을 받게 되므로 당황하거나 또다른 모순된 답변을 하게 된다. 겉치레를 하거나 무리한 욕심을 부리지 말고 '이런 사회인이 되고 싶다.'는 현재의 자신보다, 조금 성장한 자신을 표현하는 정도가 적당하다.

㉡ **'그렇지 않다'가 많은 경우** : 냉정하고 정직하며, 외부의 압력과 스트레스에 강한 유형이다. '대쪽 같음'의 이미지가 굳어지지 않도록 주의한다.

(2) 행동적인 측면

행동적 측면은 인격 중에 특히 행동으로 드러나기 쉬운 측면을 측정한다. 사람의 행동 특징 자체에는 선도 악도 없으나, 일반적으로는 일의 내용에 의해 원하는 행동이 있다. 때문에 행동적 측면은 주로 직종과 깊은 관계가 있는데 자신의 행동 특성을 살려 적합한 직종을 선택한다면 플러스가 될 수 있다.

행동 특성에서 보여 지는 특징은 면접장면에서도 드러나기 쉬운데 본서의 모의 TEST의 결과를 참고하여 자신의 태도, 행동이 면접관의 시선에 어떻게 비치는지를 점검하도록 한다.

① **사회적 내향성** … 대인관계에서 나타나는 행동경향으로 '낯가림'을 측정한다.

질문	선택
A : 파티에서는 사람을 소개받은 편이다. B : 파티에서는 사람을 소개하는 편이다.	
A : 처음 보는 사람과는 어색하게 시간을 보내는 편이다. B : 처음 보는 사람과는 즐거운 시간을 보내는 편이다.	
A : 친구가 적은 편이다. B : 친구가 많은 편이다.	
A : 자신의 의견을 말하는 경우가 적다. B : 자신의 의견을 말하는 경우가 많다.	
A : 사교적인 모임에 참석하는 것을 좋아하지 않는다. B : 사교적인 모임에 항상 참석한다.	

▶측정결과

㉠ 'A'가 많은 경우 : 내성적이고 사람들과 접하는 것에 소극적이다. 자신의 의견을 말하지 않고 조심스러운 편이다.
- 면접관의 심리 : '소극적인데 동료와 잘 지낼 수 있을까?'
- 면접대책 : 대인관계를 맺는 것을 싫어하지 않고 의욕적으로 일을 할 수 있다는 것을 보여준다.

㉡ 'B'가 많은 경우 : 사교적이고 자기의 생각을 명확하게 전달할 수 있다.
- 면접관의 심리 : '사교적이고 활동적인 것은 좋지만, 자기주장이 너무 강하지 않을까?'
- 면접대책 : 협조성을 보여주고, 자기주장이 너무 강하다는 인상을 주지 않도록 주의한다.

② 내성성(침착도) ··· 자신의 행동과 일에 대해 침착하게 생각하는 정도를 측정한다.

질문	선택
A : 시간이 걸려도 침착하게 생각하는 경우가 많다. B : 짧은 시간에 결정을 하는 경우가 많다.	
A : 실패의 원인을 찾고 반성하는 편이다. B : 실패를 해도 그다지(별로) 개의치 않는다.	
A : 결론이 도출되어도 몇 번 정도 생각을 바꾼다. B : 결론이 도출되면 신속하게 행동으로 옮긴다.	
A : 여러 가지 생각하는 것이 능숙하다. B : 여러 가지 일을 재빨리 능숙하게 처리하는 데 익숙하다.	
A : 여러 가지 측면에서 사물을 검토한다. B : 행동한 후 생각을 한다.	

▶측정결과

㉠ 'A'가 많은 경우 : 행동하기 보다는 생각하는 것을 좋아하고 신중하게 계획을 세워 실행한다.
 • 면접관의 심리 : '행동으로 실천하지 못하고, 대응이 늦은 경향이 있지 않을까?'
 • 면접대책 : 발로 뛰는 것을 좋아하고, 일을 더디게 한다는 인상을 주지 않도록 한다.

㉡ 'B'가 많은 경우 : 차분하게 생각하는 것보다 우선 행동하는 유형이다.
 • 면접관의 심리 : '생각하는 것을 싫어하고 경솔한 행동을 하지 않을까?'
 • 면접대책 : 계획을 세우고 행동할 수 있는 것을 보여주고 '사려깊다'라는 인상을 남기도록 한다.

③ 신체활동성 … 몸을 움직이는 것을 좋아하는가를 측정한다.

질문	선택
A : 민첩하게 활동하는 편이다. B : 준비행동이 없는 편이다.	
A : 일을 척척 해치우는 편이다. B : 일을 더디게 처리하는 편이다.	
A : 활발하다는 말을 듣는다. B : 얌전하다는 말을 듣는다.	
A : 몸을 움직이는 것을 좋아한다. B : 가만히 있는 것을 좋아한다.	
A : 스포츠를 하는 것을 즐긴다. B : 스포츠를 보는 것을 좋아한다.	

▶측정결과

㉠ 'A'가 많은 경우 : 활동적이고, 몸을 움직이게 하는 것이 컨디션이 좋다.
- 면접관의 심리 : '활동적으로 활동력이 좋아 보인다.'
- 면접대책 : 활동하고 얻은 성과 등과 주어진 상황의 대응능력을 보여준다.

㉡ 'B'가 많은 경우 : 침착한 인상으로, 차분하게 있는 타입이다.
- 면접관의 심리 : '좀처럼 행동하려 하지 않아 보이고, 일을 빠르게 처리할 수 있을까?'

④ 지속성(노력성) … 무슨 일이든 포기하지 않고 끈기 있게 하려는 정도를 측정한다.

질문	선택
A : 일단 시작한 일은 시간이 걸려도 끝까지 마무리한다. B : 일을 하다 어려움에 부딪히면 단념한다.	
A : 끈질긴 편이다. B : 바로 단념하는 편이다.	
A : 인내가 강하다는 말을 듣는다. B : 금방 싫증을 낸다는 말을 듣는다.	
A : 집념이 깊은 편이다. B : 담백한 편이다.	
A : 한 가지 일에 구애되는 것이 좋다고 생각한다. B : 간단하게 체념하는 것이 좋다고 생각한다.	

▶측정결과

㉠ 'A'가 많은 경우 : 시작한 것은 어려움이 있어도 포기하지 않고 인내심이 높다.
• 면접관의 심리 : '한 가지의 일에 너무 구애되고, 업무의 진행이 원활할까?'
• 면접대책 : 인내력이 있는 것은 플러스 평가를 받을 수 있지만 집착이 강해 보이기도 한다.

㉡ 'B'가 많은 경우 : 뒤끝이 없고 조그만 실패로 일을 포기하기 쉽다.
• 면접관의 심리 : '질리는 경향이 있고, 일을 정확히 끝낼 수 있을까?'
• 면접대책 : 지속적인 노력으로 성공했던 사례를 준비하도록 한다.

⑤ 신중성(주의성) … 자신이 처한 주변상황을 즉시 파악하고 자신의 행동이 어떤 영향을 미치는지를 측정한다.

질문	선택
A : 여러 가지로 생각하면서 완벽하게 준비하는 편이다. B : 행동할 때부터 임기응변적인 대응을 하는 편이다.	
A : 신중해서 타이밍을 놓치는 편이다. B : 준비 부족으로 실패하는 편이다.	
A : 자신은 어떤 일에도 신중히 대응하는 편이다. B : 순간적인 충동으로 활동하는 편이다.	
A : 시험을 볼 때 끝날 때까지 재검토하는 편이다. B : 시험을 볼 때 한 번에 모든 것을 마치는 편이다.	
A : 일에 대해 계획표를 만들어 실행한다. B : 일에 대한 계획표 없이 진행한다.	

▶측정결과

㉠ 'A'가 많은 경우 : 주변 상황에 민감하고, 예측하여 계획 있게 일을 진행한다.
• 면접관의 심리 : '너무 신중해서 적절한 판단을 할 수 있을까?', '앞으로의 상황에 불안을 느끼지 않을까?'
• 면접대책 : 예측을 하고 실행을 하는 것은 플러스 평가가 되지만, 너무 신중하면 일의 진행이 정체될 가능성을 보이므로 추진력이 있다는 강한 의욕을 보여준다.

㉡ 'B'가 많은 경우 : 주변 상황을 살펴보지 않고 착실한 계획 없이 일을 진행시킨다.
• 면접관의 심리 : '사려 깊지 않고, 실패하는 일이 많지 않을까?', '판단이 빠르고 유연한 사고를 할 수 있을까?'
• 면접대책 : 사전준비를 중요하게 생각하고 있다는 것 등을 보여주고, 경솔한 인상을 주지 않도록 한다. 또한 판단력이 빠르거나 유연한 사고 덕분에 일 처리를 잘 할 수 있다는 것을 강조한다.

(3) 의욕적인 측면

　의욕적인 측면은 의욕의 정도, 활동력의 유무 등을 측정한다. 여기서의 의욕이란 우리들이 보통 말하고 사용하는 '하려는 의지'와는 조금 뉘앙스가 다르다. '하려는 의지'란 그 때의 환경이나 기분에 따라 변화하는 것이지만, 여기에서는 조금 더 변화하기 어려운 특징, 말하자면 정신적 에너지의 양으로 측정하는 것이다.

　의욕적 측면은 행동적 측면과는 다르고, 전반적으로 어느 정도 점수가 높은 쪽을 선호한다. 모의검사의 의욕적 측면의 결과가 낮다면, 평소 일에 몰두할 때 조금 의욕 있는 자세를 가지고 서서히 개선하도록 노력해야 한다.

① 달성의욕 … 목적의식을 가지고 높은 이상을 가지고 있는지를 측정한다.

질문	선택
A : 경쟁심이 강한 편이다. B : 경쟁심이 약한 편이다.	
A : 어떤 한 분야에서 제1인자가 되고 싶다고 생각한다. B : 어느 분야에서든 성실하게 임무를 진행하고 싶다고 생각한다.	
A : 규모가 큰 일을 해보고 싶다. B : 맡은 일에 충실히 임하고 싶다.	
A : 아무리 노력해도 실패한 것은 아무런 도움이 되지 않는다. B : 가령 실패했을 지라도 나름대로의 노력이 있었으므로 괜찮다.	
A : 높은 목표를 설정하여 수행하는 것이 의욕적이다. B : 실현 가능한 정도의 목표를 설정하는 것이 의욕적이다.	

▶측정결과

㉠ 'A'가 많은 경우 : 큰 목표와 높은 이상을 가지고 승부욕이 강한 편이다.
- 면접관의 심리 : '열심히 일을 해줄 것 같은 유형이다.'
- 면접대책 : 달성의욕이 높다는 것은 어떤 직종이라도 플러스 평가가 된다.

㉡ 'B'가 많은 경우 : 현재의 생활을 소중하게 여기고 비약적인 발전을 위하여 기를 쓰지 않는다.
- 면접관의 심리 : '외부의 압력에 약하고, 기획입안 등을 하기 어려울 것이다.'
- 면접대책 : 일을 통하여 하고 싶은 것들을 구체적으로 어필한다.

② **활동의욕** … 자신에게 잠재된 에너지의 크기로, 정신적인 측면의 활동력이라 할 수 있다.

질문	선택
A : 하고 싶은 일을 실행으로 옮기는 편이다. B : 하고 싶은 일을 좀처럼 실행할 수 없는 편이다.	
A : 어려운 문제를 해결해 가는 것이 좋다. B : 어려운 문제를 해결하는 것을 잘하지 못한다.	
A : 일반적으로 결단이 빠른 편이다. B : 일반적으로 결단이 느린 편이다.	
A : 곤란한 상황에도 도전하는 편이다. B : 사물의 본질을 깊게 관찰하는 편이다.	
A : 시원시원하다는 말을 잘 듣는다. B : 꼼꼼하다는 말을 잘 듣는다.	

▶측정결과

㉠ 'A'가 많은 경우 : 꾸물거리는 것을 싫어하고 재빠르게 결단해서 행동하는 타입이다.
 • 면접관의 심리 : '일을 처리하는 솜씨가 좋고, 일을 척척 진행할 수 있을 것 같다.'
 • 면접대책 : 활동의욕이 높은 것은 플러스 평가가 된다. 사교성이나 활동성이 강하다는 인상을 준다.

㉡ 'B'가 많은 경우 : 안전하고 확실한 방법을 모색하고 차분하게 시간을 아껴서 일에 임하는 타입이다.
 • 면접관의 심리 : '재빨리 행동을 못하고, 일의 처리속도가 느린 것이 아닐까?'
 • 면접대책 : 활동성이 있는 것을 좋아하고 움직임이 더디다는 인상을 주지 않도록 한다.

3 성격의 유형

(1) 인성검사유형의 4가지 척도

정서적인 측면, 행동적인 측면, 의욕적인 측면의 요소들은 성격 특성이라는 관점에서 제시된 것들로 각 개인의 장·단점을 파악하는 데 유용하다. 그러나 전체적인 개인의 인성을 이해하는 데는 한계가 있다.

성격의 유형은 개인의 '성격적인 특색'을 가리키는 것으로, 사회인으로서 적합한지, 아닌지를 말하는 관점과는 관계가 없다. 따라서 채용의 합격 여부에는 사용되지 않는 경우가 많으며, 입사 후의 적정 부서 배치의 자료가 되는 편이라 생각하면 된다. 그러나 채용과 관계가 없다고 해서 아무런 준비도 필요없는 것은 아니다. 자신을 아는 것은 면접 대책의 밑거름이 되므로 모의검사 결과를 충분히 활용하도록 하여야 한다.

본서에서는 4개의 척도를 사용하여 기본적으로 16개의 패턴으로 성격의 유형을 분류하고 있다. 각 개인의 성격이 어떤 유형인지 재빨리 파악하기 위해 사용되며, '적성'에 맞는지, 맞지 않는지의 관점에 활용된다.

- 흥미 · 관심의 방향 : 내향형 ←————→ 외향형
- 사물에 대한 견해 : 직관형 ←————→ 감각형
- 판단하는 방법 : 감정형 ←————→ 사고형
- 환경에 대한 접근방법 : 지각형 ←————→ 판단형

(2) 성격유형

① 흥미 · 관심의 방향(내향 ⇆ 외향) … 흥미 · 관심의 방향이 자신의 내면에 있는지, 주위환경 등 외면에 향하는 지를 가리키는 척도이다.

질문	선택
A : 내성적인 성격인 편이다. B : 개방적인 성격인 편이다.	
A : 항상 신중하게 생각을 하는 편이다. B : 바로 행동에 착수하는 편이다.	
A : 수수하고 조심스러운 편이다. B : 자기 표현력이 강한 편이다.	
A : 다른 사람과 함께 있으면 침착하지 않다. B : 혼자서 있으면 침착하지 않다.	

▶측정결과
㉠ 'A'가 많은 경우(내향) : 관심의 방향이 자기 내면에 있으며, 조용하고 낯을 가리는 유형이다. 행동력은 부족하나 집중력이 뛰어나고 신중하고 꼼꼼하다.
㉡ 'B'가 많은 경우(외향) : 관심의 방향이 외부환경에 있으며, 사교적이고 활동적인 유형이다. 꼼꼼함이 부족하여 대충하는 경향이 있으나 행동력이 있다.

② 일(사물)을 보는 방법(직감⇆감각) ··· 일(사물)을 보는 법이 직감적으로 형식에 얽매이는지, 감각적으로 상식적인지를 가리키는 척도이다.

질문	선택
A : 현실주의적인 편이다. B : 상상력이 풍부한 편이다. A : 정형적인 방법으로 일을 처리하는 것을 좋아한다. B : 만들어진 방법에 변화가 있는 것을 좋아한다. A : 경험에서 가장 적합한 방법으로 선택한다. B : 지금까지 없었던 새로운 방법을 개척하는 것을 좋아한다. A : 성실하다는 말을 듣는다. B : 호기심이 강하다는 말을 듣는다.	

▶측정결과
㉠ 'A'가 많은 경우(감각) : 현실적이고 경험주의적이며 보수적인 유형이다.
㉡ 'B'가 많은 경우(직관) : 새로운 주제를 좋아하며, 독자적인 시각을 가진 유형이다.

③ 판단하는 방법(감정⇆사고) ··· 일을 감정적으로 판단하는지, 논리적으로 판단하는지를 가리키는 척도이다.

질문	선택
A : 인간관계를 중시하는 편이다. B : 일의 내용을 중시하는 편이다. A : 결론을 자기의 신념과 감정에서 이끌어내는 편이다. B : 결론을 논리적 사고에 의거하여 내리는 편이다. A : 다른 사람보다 동정적이고 눈물이 많은 편이다. B : 다른 사람보다 이성적이고 냉정하게 대응하는 편이다. A : 남의 이야기를 듣고 감정몰입이 빠른 편이다. B : 고민 상담을 받으면 해결책을 제시해주는 편이다.	

▶측정결과
㉠ 'A'가 많은 경우(감정) : 일을 판단할 때 마음·감정을 중요하게 여기는 유형이다. 감정이 풍부하고 친절하나 엄격함이 부족하고 우유부단하며, 합리성이 부족하다.
㉡ 'B'가 많은 경우(사고) : 일을 판단할 때 논리성을 중요하게 여기는 유형이다. 이성적이고 합리적이나 타인에 대한 배려가 부족하다.

④ **환경에 대한 접근방법** … 수변상황에 어떻게 접근하는지, 그 판단기준을 어디에 두는지를 측정한다.

질문	선택
A : 사전에 계획을 세우지 않고 행동한다. B : 반드시 계획을 세우고 그것에 의거해서 행동한다.	
A : 자유롭게 행동하는 것을 좋아한다. B : 조직적으로 행동하는 것을 좋아한다.	
A : 조직성이나 관습에 속박당하지 않는다. B : 조직성이나 관습을 중요하게 여긴다.	
A : 계획 없이 낭비가 심한 편이다. B : 예산을 세워 물건을 구입하는 편이다.	

▶측정결과
㉠ 'A'가 많은 경우(지각) : 일의 변화에 융통성을 가지고 유연하게 대응하는 유형이다. 낙관적이며 질서보다는 자유를 좋아하나 임기응변식의 대응으로 무계획적인 인상을 줄 수 있다.
㉡ 'B'가 많은 경우(판단) : 일의 진행시 계획을 세워서 실행하는 유형이다. 순차적으로 진행하는 일을 좋아하고 끈기가 있으나 변화에 대해 적절하게 대응하지 못하는 경향이 있다.

(3) 성격유형의 판정

성격유형은 합격 여부의 판정보다는 배치를 위한 자료로써 이용된다. 즉, 기업은 입사시험 단계에서 입사 후에도 사용할 수 있는 정보를 입수하고 있다는 것이다. 성격검사에서는 어느 척도가 얼마나 고득점이었는지에 주시하고 각각의 측면에서 반드시 하나씩 고르고 편성한다. 편성은 모두 16가지가 되나 각각의 측면을 더 세분하면 200가지 이상의 유형이 나온다.

여기에서는 16가지 편성을 제시한다. 성격검사에 어떤 정보가 게재되어 있는지를 이해하면서 자기의 성격유형을 파악하기 위한 실마리로 활용하도록 한다.

① **내향 – 직관 – 감정 – 지각(TYPE A)**
관심이 내면에 향하고 조용하고 소극적이다. 사물에 대한 견해는 새로운 것에 대해 호기심이 강하고, 독창적이다. 감정은 좋아하는 것과 싫어하는 것의 판단이 확실하고, 감정이 풍부하고 따뜻한 느낌이 있는 반면, 합리성이 부족한 경향이 있다. 환경에 접근하는 방법은 순응적이고 상황의 변화에 대해 유연하게 대응하는 것을 잘한다.

② 내향 – 직관 – 감정 – 판단(TYPE B)

관심이 내면으로 향하고 조용하고 쑥쓰러움을 잘 타는 편이다. 사물을 보는 관점은 독창적이며, 자기나름대로 궁리하며 생각하는 일이 많다. 좋고 싫음으로 판단하는 경향이 강하고 타인에게는 친절한 반면, 우유부단하기 쉬운 편이다. 환경 변화에 대해 유연하게 대응하는 것을 잘한다.

③ 내향 – 직관 – 사고 – 지각(TYPE C)

관심이 내면으로 향하고 얌전하고 교제범위가 좁다. 사물을 보는 관점은 독창적이며, 현실에서 먼 추상적인 것을 생각하기를 좋아한다. 논리적으로 생각하고 판단하는 경향이 강하고 이성적이지만, 남의 감정에 대해서는 무반응인 경향이 있다. 환경의 변화에 순응적이고 융통성 있게 임기응변으로 대응할 수가 있다.

④ 내향 – 직관 – 사고 – 판단(TYPE D)

관심이 내면으로 향하고 주의깊고 신중하게 행동을 한다. 사물을 보는 관점은 독창적이며 논리를 좋아해서 이치를 따지는 경향이 있다. 논리적으로 생각하고 판단하는 경향이 강하고, 객관적이지만 상대방의 마음에 대한 배려가 부족한 경향이 있다. 환경에 대해서는 순응하는 것보다 대응하며, 한 번 정한 것은 끈질기게 행동하려 한다.

⑤ 내향 – 감각 – 감정 – 지각(TYPE E)

관심이 내면으로 향하고 조용하며 소극적이다. 사물을 보는 관점은 상식적이고 그대로의 것을 좋아하는 경향이 있다. 좋음과 싫음으로 판단하는 경향이 강하고 타인에 대해서 동정심이 많은 반면, 엄격한 면이 부족한 경향이 있다. 환경에 대해서는 순응적이고, 예측할 수 없다해도 태연하게 행동하는 경향이 있다.

⑥ 내향 – 감각 – 감정 – 판단(TYPE F)

관심이 내면으로 향하고 얌전하며 쑥쓰러움을 많이 탄다. 사물을 보는 관점은 상식적이고 논리적으로 생각하는 것보다도 경험을 중요시하는 경향이 있다. 좋고 싫음으로 판단하는 경향이 강하고 사람이 좋은 반면, 개인적 취향이나 소원에 영향을 받는 일이 많은 경향이 있다. 환경에 대해서는 영향을 받지 않고, 자기 페이스 대로 꾸준히 성취하는 일을 잘한다.

⑦ 내향 – 감각 – 사고 – 지각(TYPE G)

관심이 내면으로 향하고 얌전하고 교제범위가 좁다. 사물을 보는 관점은 상식적인 동시에 실천적이며, 틀에 박힌 형식을 좋아한다. 논리적으로 판단하는 경향이 강하고 침착하지만 사람에 대해서는 엄격하여 차가운 인상을 주는 일이 많다. 환경에 대해서 순응적이고, 계획적으로 행동하지 않으며 자유로운 행동을 좋아하는 경향이 있다.

⑧ 내향 - 감각 - 사고 - 판단(TYPE H)

관심이 내면으로 향하고 주의 깊고 신중하게 행동을 한다. 사물을 보는 관점이 상식적이고 새롭고 경험하지 못한 일에 대응을 잘 하지 못한다. 논리적으로 생각하고 판단하는 경향이 강하고, 공평하지만 상대방의 감정에 대해 배려가 부족할 때가 있다. 환경에 대해서는 작용하는 편이고, 질서 있게 행동하는 것을 좋아한다.

⑨ 외향 - 직관 - 감정 - 지각(TYPE I)

관심이 외향으로 향하고 밝고 활동적이며 교제범위가 넓다. 사물을 보는 관점은 독창적이고 호기심이 강하며 새로운 것을 생각하는 것을 좋아한다. 좋음 싫음으로 판단하는 경향이 강하다. 사람은 좋은 반면 개인적 취향이나 소원에 영향을 받는 일이 많은 편이다.

⑩ 외향 - 직관 - 감정 - 판단(TYPE J)

관심이 외향으로 향하고 개방적이며 누구와도 쉽게 친해질 수 있다. 사물을 보는 관점은 독창적이고 자기 나름대로 궁리하고 생각하는 면이 많다. 좋음과 싫음으로 판단하는 경향이 강하고, 타인에 대해 동정적이기 쉽고 엄격함이 부족한 경향이 있다. 환경에 대해서는 작용하는 편이고 질서 있는 행동을 하는 것을 좋아한다.

⑪ 외향 - 직관 - 사고 - 지각(TYPE K)

관심이 외향으로 향하고 태도가 분명하며 활동적이다. 사물을 보는 관점은 독창적이고 현실과 거리가 있는 추상적인 것을 생각하는 것을 좋아한다. 논리적으로 생각하고 판단하는 경향이 강하고, 공평하지만 상대에 대한 배려가 부족할 때가 있다.

⑫ 외향 - 직관 - 사고 - 판단(TYPE L)

관심이 외향으로 향하고 밝고 명랑한 성격이며 사교적인 것을 좋아한다. 사물을 보는 관점은 독창적이고 논리적인 것을 좋아하기 때문에 이치를 따지는 경향이 있다. 논리적으로 생각하고 판단하는 경향이 강하고 침착성이 뛰어나지만 사람에 대해서 엄격하고 차가운 인상을 주는 경우가 많다. 환경에 대해 작용하는 편이고 계획을 세우고 착실하게 실행하는 것을 좋아한다.

⑬ 외향 - 감각 - 감정 - 지각(TYPE M)

관심이 외향으로 향하고 밝고 활동적이고 교제범위가 넓다. 사물을 보는 관점은 상식적이고 종래대로 있는 것을 좋아한다. 보수적인 경향이 있고 좋아함과 싫어함으로 판단하는 경향이 강하며 타인에게는 친절한 반면, 우유부단한 경우가 많다. 환경에 대해 순응적이고, 융통성이 있고 임기응변으로 대응할 가능성이 높다.

⑭ 외향 – 감각 – 감정 – 판단(TYPE N)

관심이 외향으로 향하고 개방적이며 누구와도 쉽게 대면할 수 있다. 사물을 보는 관점은 상식적이고 논리적으로 생각하기보다는 경험을 중시하는 편이다. 좋아함과 싫어함으로 판단하는 경향이 강하고 감정이 풍부하며 따뜻한 느낌이 있는 반면에 합리성이 부족한 경우가 많다. 환경에 대해서 작용하는 편이고, 한 번 결정한 것은 끈질기게 실행하려고 한다.

⑮ 외향 – 감각 – 사고 – 지각(TYPE O)

관심이 외향으로 향하고 시원한 태도이며 활동적이다. 사물을 보는 관점이 상식적이며 동시에 실천적이고 명백한 형식을 좋아하는 경향이 있다. 논리적으로 생각하고 판단하는 경향이 강하고, 객관적이지만 상대 마음에 대해 배려가 부족한 경향이 있다.

⑯ 외향 – 감각 – 사고 – 판단(TYPE P)

관심이 외향으로 향하고 밝고 명랑하며 사교적인 것을 좋아한다. 사물을 보는 관점은 상식적이고 경험하지 못한 새로운 것에 대응을 잘 하지 못한다. 논리적으로 생각하고 판단하는 경향이 강하고 이성적이지만 사람의 감정에 무심한 경향이 있다. 환경에 대해서는 작용하는 편이고, 자기 페이스대로 꾸준히 성취하는 것을 잘한다.

(1) 미리 알아두어야 할 점

① 출제 문항 수 … 인성검사의 출제 문항 수는 특별히 정해진 것이 아니며 각 기업체의 기준에 따라 달라질 수 있다. 보통 100문항 이상에서 500문항까지 출제된다고 예상하면 된다.

② 출제형식

    ㉠ '예' 아니면 '아니오'의 형식

다음 문항을 읽고 자신에게 해당되는지 안 되는지를 판단하여 해당될 경우 '예'를, 해당되지 않을 경우 '아니오'를 고르시오.

질문	예	아니오
1. 자신의 생각이나 의견은 좀처럼 변하지 않는다.	○	
2. 구입한 후 끝까지 읽지 않은 책이 많다.		○

다음 문항에 대해서 평소에 자신이 생각하고 있는 것이나 행동하고 있는 것에 ○표를 하시오.

질문	전혀 그렇지 않다	그렇지 않다	그렇다	매우 그렇다
1. 시간에 쫓기는 것이 싫다.			○	
2. 여행가기 전에 계획을 세운다		○		

    ㉡ A와 B의 선택형식

A와 B에 주어진 문장을 읽고 자신에게 해당되는 것을 고르시오.

질문	선택
A : 걱정거리가 있어서 잠을 못 잘 때가 있다.	(○)
B : 걱정거리가 있어도 잠을 잘 잔다.	( )

ⓒ 하나의 상황이 주어지고 각 상황에 대한 반응의 적당한 정도를 선택하는 형식

당신은 회사에 입사한지 1년 반이 넘어 처음으로 A회사의 B와 함께 하나의 프로젝트를 맡았다. 당신은 열의에 차 있지만 B는 프로젝트 준비를 하는 동안 당신에게만 일을 떠넘기고 적당히 하려고 하고 있다. 이렇게 계속된다면 기간 내에 프로젝트를 끝내지 못할 상황이다. 당신은 어떻게 할 것인가?

a. B에게 나의 생각을 솔직히 얘기하고 열심히 일 할 것을 요구한다.

매우 바람직하다			그저 그렇다.			전혀 바람직하지 않다
①	②	③	④	⑤	⑥	⑦

b. 나의 상사에게 현재 상황을 보고한다.

매우 바람직하다			그저 그렇다.			전혀 바람직하지 않다
①	②	③	④	⑤	⑥	⑦

c. B의 상사에게 보고하고 다른 사람으로 교체해 줄 것을 요구한다.

매우 바람직하다			그저 그렇다.			전혀 바람직하지 않다
①	②	③	④	⑤	⑥	⑦

d. 나도 B가 일하는 만큼만 적당히 일한다.

매우 바람직하다			그저 그렇다.			전혀 바람직하지 않다
①	②	③	④	⑤	⑥	⑦

ⓔ 상황이 주어지고 자신이 그 결정을 하게 될 정도를 선택하는 형식

> 김 대리는 물품관리부에 근무하고 있다. 각 팀의 사원들에게 필요한 사무용품 및 기자재 등을
> 관리하는 업무를 담당한다. 최근 들어, 일주일에 한 번 꼴로 기자재가 도난당하는 일이 연이
> 어 발생되고 있다. 그래서 사무실에 CCTV를 설치한 김 대리는 기자재를 훔쳐가는 범인이 희
> 망퇴직을 2달 앞둔 박 부장이라는 것을 알게 되었다. 김 대리는 다음 날 박 부장을 경찰에 신
> 고하였다. 자신이 김 대리라면 박 부장을 경찰에 신고할 확률은?

① 0%   ② 25%
③ 50%   ④ 75%
⑤ 100%

(2) 임하는 자세

① **솔직하게 있는 그대로 표현한다** … 인성검사는 평범한 일상생활 내용들을 다룬 짧은 문장과
어떤 대상이나 일에 대한 선로를 선택하는 문장으로 구성되었으므로 평소에 자신이 생각한
바를 너무 골똘히 생각하지 말고 문제를 보는 순간 떠오른 것을 표현한다.

② **모든 문제를 신속하게 대답한다** … 인성검사는 시간 제한이 없는 것이 원칙이지만 기업체들
은 일정한 시간 제한을 두고 있다. 인성검사는 개인의 성격과 자질을 알아보기 위한 검사
이기 때문에 정답이 없다. 다만, 기업체에서 바람직하게 생각하거나 기대되는 결과가 있을
뿐이다. 따라서 시간에 쫓겨서 대충 대답을 하는 것은 바람직하지 못하다.

③ **일관성 있게 대답한다** … 간혹 반복되는 문제들이 출제되기 때문에 일관성 있게 답하지 않으
면 감점될 수 있으므로 유의한다. 실제로 공기업 인사부 직원의 인터뷰에 따르면 일관성이
없게 대답한 응시자들이 감점을 받아 탈락했다고 한다. 거짓된 응답을 하다보면 일관성 없
는 결과가 나타날 수 있으므로, 위에서 언급한 대로 신속하고 솔직하게 답해 일관성 있는
응답을 하는 것이 중요하다.

④ **마지막까지 집중해서 검사에 임한다** … 장시간 진행되는 검사에 지치지 않고 마지막까지 집
중해서 정확히 답할 수 있도록 해야 한다.

02 인성검사의 예시

☞ 인성검사는 정답 및 해설이 없습니다.

❚1~50❚ 다음 주어진 보기 중에서 자신과 가장 가깝다고 생각하는 것은 'ㄱ'에 표시하고, 자신과 가장 멀다고 생각하는 것은 'ㅁ'에 표시하시오.

1
① 모임에서 리더에 어울리지 않는다고 생각한다.
② 착실한 노력으로 성공한 이야기를 좋아한다.
③ 어떠한 일에도 의욕적으로 임하는 편이다.
④ 학급에서는 존재가 두드러졌다.

| ㄱ | ① ② ③ ④ |
| ㅁ | ① ② ③ ④ |

2
① 아무것도 생각하지 않을 때가 많다.
② 스포츠는 하는 것보다는 보는 게 좋다.
③ 게으른 편이라고 생각한다.
④ 비가 오지 않으면 우산을 가지고 가지 않는다.

| ㄱ | ① ② ③ ④ |
| ㅁ | ① ② ③ ④ |

3
① 1인자보다는 조력자의 역할을 좋아한다.
② 의리를 지키는 타입이다.
③ 리드를 하는 편이다.
④ 신중함이 부족해서 후회한 적이 있다.

| ㄱ | ① ② ③ ④ |
| ㅁ | ① ② ③ ④ |

4

① 여유 있게 대비하는 타입이다.

② 업무가 진행 중이라도 야근을 하지 않는다.

③ 타인을 만날 경우 생각날 때 방문하므로 부재 중일 때가 있다.

④ 노력하는 과정이 중요하고 결과는 중요하지 않다.

ㄱ	① ② ③ ④
ㅁ	① ② ③ ④

5

① 무리해서 행동할 필요는 없다.

② 유행에 민감하다고 생각한다.

③ 정해진 대로 움직이는 편이 안심된다.

④ 현실을 직시하는 편이다.

ㄱ	① ② ③ ④
ㅁ	① ② ③ ④

6

① 자유보다 질서를 중요시하는 편이다.

② 잡담하는 것을 좋아한다.

③ 경험에 비추어 판단하는 편이다.

④ 영화나 드라마는 각본의 완성도나 화면구성에 주목한다.

ㄱ	① ② ③ ④
ㅁ	① ② ③ ④

7

① 타인의 일에 별로 관심이 없다.

② 다른 사람의 소문에 관심이 많다.

③ 실무적인 편이다.

④ 정이 많다.

ㄱ	① ② ③ ④
ㅁ	① ② ③ ④

8

① 협조성이 있다고 생각한다.

② 친구의 휴대폰 번호는 모두 안다.

③ 정해진 순서에 따르는 것을 좋아한다.

④ 이성적인 사람으로 남고 싶다.

ㄱ	① ② ③ ④
ㅁ	① ② ③ ④

9

① 조직의 일원으로 어울린다.

② 세상의 일에 관심이 많다.

③ 안정을 추구하는 편이다.

④ 업무는 내용으로 선택한다.

ㄱ	① ② ③ ④
ㅁ	① ② ③ ④

10

① 되도록 환경은 변하지 않는 것이 좋다.

② 밝은 성격이다.

③ 별로 반성하지 않는다.

④ 활동범위가 좁은 편이다.

ㄱ	① ② ③ ④
ㅁ	① ② ③ ④

11

① 자신을 시원시원한 사람이라고 생각한다.

② 좋다고 생각하면 바로 행동한다.

③ 좋은 사람이 되고 싶다.

④ 한 번에 많은 일을 떠맡는 것은 골칫거리라고 생각한다.

ㄱ	① ② ③ ④
ㅁ	① ② ③ ④

12

① 사람과 만날 약속은 즐겁다.

② 질문을 받으면 그때의 느낌으로 대답하는 편이다.

③ 땀을 흘리는 것보다 머리를 쓰는 일이 좋다.

④ 이미 결정된 것이라도 그다지 구속받지 않는다.

ㄱ	① ② ③ ④
ㅁ	① ② ③ ④

13

① 외출시 문을 잠갔는지 별로 확인하지 않는다.

② 지위를 얻는 것을 좋아한다.

③ 안전책을 고르는 타입이다.

④ 자신이 사교적이라고 생각한다.

ㄱ	① ② ③ ④
ㅁ	① ② ③ ④

14

① 도리는 상관없다.

② '참 착하네요'라는 말을 자주 듣는다.

③ 단념이 중요하다고 생각한다.

④ 누구도 예상하지 못한 일을 해보고 싶다.

ㄱ	① ② ③ ④
ㅁ	① ② ③ ④

15

① 평범하고 평온하게 행복한 인생을 살고 싶다.

② 움직이는 일을 좋아하지 않는다.

③ 특별히 소극적이라고 생각하지 않는다.

④ 이것저것 평하는 것이 싫다.

ㄱ	① ② ③ ④
ㅁ	① ② ③ ④

16

① 자신은 성급하지 않다고 생각한다.

② 꾸준히 노력하는 것을 잘 하지 못한다.

③ 내일의 계획을 미리 머릿속에 기억한다.

④ 협동성이 있는 사람이 되고 싶다.

ㄱ	① ② ③ ④
ㅁ	① ② ③ ④

17

① 열정적인 사람이라고 생각하지 않는다.

② 다른 사람 앞에서 이야기를 잘한다.

③ 행동력이 있는 편이다.

④ 엉덩이가 무거운 편이다.

ㄱ	① ② ③ ④
ㅁ	① ② ③ ④

18

① 특별히 구애받는 것이 없다.

② 돌다리는 두들겨 보지 않고 건너도 된다.

③ 자신에게는 권력욕이 없다.

④ 업무를 할당받으면 부담스럽다.

ㄱ	① ② ③ ④
ㅁ	① ② ③ ④

19

① 활동적인 사람이라고 생각한다.

② 비교적 보수적이다.

③ 계산이 뛰어나다.

④ 규칙을 잘 지킨다.

ㄱ	① ② ③ ④
ㅁ	① ② ③ ④

20

① 교제 범위가 넓은 편이다.

② 상식적인 판단을 할 수 있는 타입이라고 생각한다.

③ 너무 객관적이어서 실패한다.

④ 보수적인 면을 추구한다.

ㄱ	① ② ③ ④
ㅁ	① ② ③ ④

21

① 내가 누구의 팬인지 주변의 사람들이 안다.

② 가능성보다 현실이다.

③ 그 사람에게 필요한 것을 선물하고 싶다.

④ 여행은 계획적으로 하는 것이 좋다.

ㄱ	① ② ③ ④
ㅁ	① ② ③ ④

22

① 구체적인 일에 관심이 있는 편이다.

② 일은 착실히 하는 편이다.

③ 괴로워하는 사람을 보면 우선 이유를 생각한다.

④ 가치 기준이 확고하다.

ㄱ	① ② ③ ④
ㅁ	① ② ③ ④

23

① 밝고 개방적인 편이다.

② 현실 인식을 잘하는 편이라고 생각한다.

③ 공평하고 공적인 상사를 만나고 싶다.

④ 시시해도 계획적인 인생이 좋다.

ㄱ	① ② ③ ④
ㅁ	① ② ③ ④

24

① 분석적이고 논리적이다.

② 사물에 대해 가볍게 생각하는 경향이 있다.

③ 계획을 정확하게 세워서 행동하는 것을 못한다.

④ 주변의 일을 여유 있게 해결한다.

ㄱ	① ② ③ ④
ㅁ	① ② ③ ④

25

① 생각했다고 해서 꼭 행동으로 옮기는 것은 아니다.

② 목표 달성에 별로 구애받지 않는다.

③ 경쟁하는 것을 좋아하지 않는다.

④ 정해진 친구만 교제한다.

ㄱ	① ② ③ ④
ㅁ	① ② ③ ④

26

① 활발한 사람이라는 말을 듣는 편이다.

② 자주 기회를 놓치는 편이다.

③ 단념하는 것이 필요할 때도 있다.

④ 학창시절 체육수업을 잘하지 못했다.

ㄱ	① ② ③ ④
ㅁ	① ② ③ ④

27

① 결과보다 과정이 중요하다.

② 자기 능력의 범위 내에서 정확히 일을 하고 싶다.

③ 새로운 사람을 만날 때는 용기가 필요하다.

④ 차분하고 사려 깊은 사람을 동경한다.

ㄱ	① ② ③ ④
ㅁ	① ② ③ ④

28

① 글을 쓸 때 미리 내용을 결정하고 나서 쓴다.

② 여러 가지 일을 경험하고 싶다.

③ 스트레스를 해소하기 위해 집에서 조용히 지낸다.

④ 기한 내에 끝내지 못하는 일이 있다.

ㄱ	①	②	③	④
ㅁ	①	②	③	④

29

① 무리한 도전을 할 필요는 없다고 생각한다.

② 남의 앞에 나서는 것을 잘 하지 못하는 편이다.

③ 납득이 안 되면 행동이 안 된다.

④ 약속시간에 여유 없이 도착하는 편이다.

ㄱ	①	②	③	④
ㅁ	①	②	③	④

30

① 유연히 대응하는 편이다.

② 휴일에는 집 안에서 편안하게 있을 때가 많다.

③ 위험성을 무릅쓰면서 성공하고 싶다고 생각하지 않는다.

④ '누군가 도와주지 않을까'라고 생각하는 편이다.

ㄱ	①	②	③	④
ㅁ	①	②	③	④

31

① 친구가 적은 편이다.

② 결론이 나도 여러 번 생각을 하는 편이다.

③ 앞으로의 일을 걱정되어도 어쩔 수 없다.

④ 같은 일을 계속해서 잘 하지 못한다.

ㄱ	①	②	③	④
ㅁ	①	②	③	④

32
① 움직이지 않고 많은 생각을 하는 것이 즐겁다.
② 현실적이다.
③ 오늘 하지 않아도 되는 일은 내일 하는 편이다.
④ 적은 친구랑 깊게 사귀는 편이다.

ㄱ	① ② ③ ④
ㅁ	① ② ③ ④

33
① 체험을 중요하게 여기는 편이다.
② 도리를 판별하는 사람을 좋아한다.
③ 갑작스런 상황에 유연하게 대처하는 편이다.
④ 쉬는 날은 외출하고 싶다.

ㄱ	① ② ③ ④
ㅁ	① ② ③ ④

34
① 현실적인 편이다.
② 생각날 때 물건을 산다.
③ 이성적인 사람이 되고 싶다고 생각한다.
④ 초면인 사람을 만나는 일은 잘 하지 못한다.

ㄱ	① ② ③ ④
ㅁ	① ② ③ ④

35
① 재미있는 것을 추구하는 경향이 있다.
② 어려움에 처해 있는 사람을 보면 원인을 생각한다.
③ 돈이 없으면 걱정이 된다.
④ 한 가지 일에 매달리는 편이다.

ㄱ	① ② ③ ④
ㅁ	① ② ③ ④

36
① 손재주가 있다.
② 규칙을 벗어나서까지 사람을 돕고 싶지 않다.
③ 일부러 위험에 접근하는 것은 어리석다고 생각한다.
④ 남의 주목을 받고 싶어 하는 편이다.

ㄱ	① ② ③ ④
ㅁ	① ② ③ ④

37
① 조금이라도 나쁜 소식은 절망의 시작이라고 생각해 버린다.
② 언제나 실패가 걱정이 되어 어쩔 줄 모른다.
③ 다수결의 의견에 따르는 편이다.
④ 혼자서 식당에 들어가는 것은 전혀 두려운 일이 아니다.

ㄱ	① ② ③ ④
ㅁ	① ② ③ ④

38
① 승부근성이 강하다.
② 자주 흥분해서 침착하지 못한다.
③ 지금까지 살면서 타인에게 폐를 끼친 적이 없다.
④ 소곤소곤 이야기하는 것을 보면 자기에 대해 험담하고 있
　는 것으로 생각된다.

ㄱ	① ② ③ ④
ㅁ	① ② ③ ④

39
① 무엇이든지 자기가 나쁘다고 생각하는 편이다.
② 자신을 변덕스러운 사람이라고 생각한다.
③ 고독을 즐기는 편이다.
④ 자존심이 강하다고 생각한다.

ㄱ	① ② ③ ④
ㅁ	① ② ③ ④

40
① 금방 흥분하는 성격이다.
② 거짓말을 한 적이 없다.
③ 신경질적인 편이다.
④ 끙끙대며 고민하는 타입이다.

ㄱ	① ② ③ ④
ㅁ	① ② ③ ④

41
① 감정적인 사람이라고 생각한다.
② 자신만의 신념을 가지고 있다.
③ 다른 사람을 바보 같다고 생각한 적이 있다.
④ 금방 말해버리는 편이다.

ㄱ	① ② ③ ④
ㅁ	① ② ③ ④

42
① 싫어하는 사람이 없다.
② 빨리 결정하고 과감하게 행동하는 편이다.
③ 쓸데없는 고생을 하는 일이 많다.
④ 자주 기계를 잘 다룬다.

ㄱ	① ② ③ ④
ㅁ	① ② ③ ④

43
① 문제점을 해결하기 위해 여러 사람과 상의한다.
② 내 방식대로 일을 한다.
③ 영화를 보고 운 적이 많다.
④ 어떤 것에 대해서도 화낸 적이 없다.

ㄱ	① ② ③ ④
ㅁ	① ② ③ ④

44
① 사소한 충고에도 걱정을 한다.
② 자신은 도움이 안 되는 사람이라고 생각한다.
③ 금방 싫증을 내는 편이다.
④ 개성적인 사람이라고 생각한다.

ㄱ	① ② ③ ④
ㅁ	① ② ③ ④

45
① 주장이 강한 편이다.
② 무엇보다도 일이 중요하다.
③ 학교를 쉬고 싶다고 생각한 적이 한 번도 없다.
④ 잘 안 되는 일이 있어도 계속 추진한다.

ㄱ	① ② ③ ④
ㅁ	① ② ③ ④

46
① 남을 잘 배려하는 편이다.
② 몸을 움직이는 것을 좋아한다.
③ 끈기가 있는 편이다.
④ 신중한 편이라고 생각한다.

ㄱ	① ② ③ ④
ㅁ	① ② ③ ④

47
① 인생의 목표는 큰 것이 좋다.
② 어떤 일이라도 바로 시작하는 타입이다.
③ 복잡한 문제를 해결해 가는 것이 즐겁다.
④ 생각하고 나서 행동하는 편이다.

ㄱ	① ② ③ ④
ㅁ	① ② ③ ④

48
① 쉬는 날은 밖으로 나가는 경우가 많다.
② 시작한 일은 반드시 완성시킨다.
③ 면밀한 계획을 세운 여행을 좋아한다.
④ 야망이 있는 편이라고 생각한다.

ㄱ	① ② ③ ④
ㅁ	① ② ③ ④

49
① 활동력이 있는 편이다.
② 비판력이 강하다.
③ 문제를 신속하게 해결한다.
④ 감수성이 풍부하다.

ㄱ	① ② ③ ④
ㅁ	① ② ③ ④

50
① 하나의 취미에 열중하는 타입이다.
② 성격이 급하다.
③ 입신출세의 성공이야기를 좋아한다.
④ 어떠한 일도 의욕을 가지고 임하는 편이다.

ㄱ	① ② ③ ④
ㅁ	① ② ③ ④

PART

IV

면접

01 면접의 기본

1 면접준비

(1) 면접의 기본 원칙

① **면접의 의미** ··· 면접이란 다양한 면접기법을 활용하여 지원한 직무에 필요한 능력을 지원자가 보유하고 있는지를 확인하는 절차라고 할 수 있다. 즉, 지원자의 입장에서는 채용 직무수행에 필요한 요건들과 관련하여 자신의 환경, 경험, 관심사, 성취 등에 대해 기업에 직접 어필할 수 있는 기회를 제공받는 것이며, 기업의 입장에서는 서류전형만으로 알 수 없는 지원자에 대한 정보를 직접적으로 수집하고 평가하는 것이다.

② **면접의 특징** ··· 면접은 기업의 입장에서 서류전형이나 필기전형에서 드러나지 않는 지원자의 능력이나 성향을 볼 수 있는 기회로, 면대면으로 이루어지며 즉흥적인 질문들이 포함될 수 있기 때문에 지원자가 완벽하게 준비하기 어려운 부분이 있다. 하지만 지원자 입장에서도 서류전형이나 필기전형에서 모두 보여주지 못한 자신의 능력 등을 기업의 인사담당자에게 어필할 수 있는 추가적인 기회가 될 수도 있다.

[서류 · 필기전형과 차별화되는 면접의 특징]

- 직무수행과 관련된 다양한 지원자 행동에 대한 관찰이 가능하다.
- 면접관이 알고자 하는 정보를 심층적으로 파악할 수 있다.
- 서류상의 미비한 사항과 의심스러운 부분을 확인할 수 있다.
- 커뮤니케이션 능력, 대인관계 능력 등 행동 · 언어적 정보도 얻을 수 있다.

③ **면접의 유형**
　㉠ **구조화 면접**: 구조화 면접은 사전에 계획을 세워 질문의 내용과 방법, 지원자의 답변 유형에 따른 추가 질문과 그에 대한 평가 역량이 정해져 있는 면접 방식으로 표준화 면접이라고도 한다.
　　• 표준화된 질문이나 평가요소가 면접 전 확정되며, 지원자는 편성된 조나 면접관에 영향을 받지 않고 동일한 질문과 시간을 부여받을 수 있다.

- 조직 또는 직무별로 주요하게 도출된 역량을 기반으로 평가요소가 구성되어, 조직 또는 직무에서 필요한 역량을 가진 지원자를 선발할 수 있다.
- 표준화된 형식을 사용하는 특성 때문에 비구조화 면접에 비해 신뢰성과 타당성, 객관성이 높다.
- ㉡ 비구조화 면접 : 비구조화 면접은 면접 계획을 세울 때 면접 목적만을 명시하고 내용이나 방법은 면접관에게 전적으로 일임하는 방식으로 비표준화 면접이라고도 한다.
  - 표준화된 질문이나 평가요소 없이 면접이 진행되며, 편성된 조나 면접관에 따라 지원자에게 주어지는 질문이나 시간이 다르다.
  - 면접관의 주관적인 판단에 따라 평가가 이루어져 평가 오류가 빈번히 일어난다.
  - 상황 대처나 언변이 뛰어난 지원자에게 유리한 면접이 될 수 있다.

④ 경쟁력 있는 면접 요령
  - ㉠ 면접 전에 준비하고 유념할 사항
    - 예상 질문과 답변을 미리 작성한다.
    - 작성한 내용을 문장으로 외우지 않고 키워드로 기억한다.
    - 지원한 회사의 최근 기사를 검색하여 기억한다.
    - 지원한 회사가 속한 산업군의 최근 기사를 검색하여 기억한다.
    - 면접 전 1주일간 이슈가 되는 뉴스를 기억하고 자신의 생각을 반영하여 정리한다.
    - 찬반토론에 대비한 주제를 목록으로 정리하여 자신의 논리를 내세운 예상답변을 작성한다.
  - ㉡ 면접장에서 유념할 사항
    - 질문의 의도 파악 : 답변을 할 때에는 질문 의도를 파악하고 그에 충실한 답변이 될 수 있도록 질문사항을 유념해야 한다. 많은 지원자가 하는 실수 중 하나로 답변을 하는 도중 자기 말에 심취되어 질문의 의도와 다른 답변을 하거나 자신이 알고 있는 지식만을 나열하는 경우가 있는데, 이럴 경우 의사소통능력이 부족한 사람으로 인식될 수 있으므로 주의하도록 한다.
    - 답변은 두괄식 : 답변을 할 때에는 두괄식으로 결론을 먼저 말하고 그 이유를 설명하는 것이 좋다. 미괄식으로 답변을 할 경우 용두사미의 답변이 될 가능성이 높으며, 결론을 이끌어 내는 과정에서 논리성이 결여될 우려가 있다. 또한 면접관이 결론을 듣기 전에 말을 끊고 다른 질문을 추가하는 예상치 못한 상황이 발생될 수 있으므로 답변은 자신이 전달하고자 하는 바를 먼저 밝히고 그에 대한 설명을 하는 것이 좋다.

- 지원한 회사의 기업정신과 인재상을 기억 : 답변을 할 때에는 회사가 원하는 인재라는 인상을 심어주기 위해 지원한 회사의 기업정신과 인재상 등을 염두에 두고 답변을 하는 것이 좋다. 모든 회사에 해당되는 두루뭉술한 답변보다는 지원한 회사에 맞는 맞춤형 답변을 하는 것이 좋다.
- 나보다는 회사와 사회적 관점에서 답변 : 답변을 할 때에는 자기중심적인 관점을 피하고 좀 더 넓은 시각으로 회사와 국가, 사회적 입장까지 고려하는 인재임을 어필하는 것이 좋다. 자기중심적 시각을 바탕으로 자신의 출세만을 위해 회사에 입사하려는 인상을 심어줄 경우 면접에서 불이익을 받을 가능성이 높다.
- 난처한 질문은 정직한 답변 : 난처한 질문에 답변을 해야 할 때에는 피하기보다는 정면돌파로 정직하고 솔직하게 답변하는 것이 좋다. 난처한 부분을 감추고 드러내지 않으려 회피하려는 지원자의 모습은 인사담당자에게 입사 후에도 비슷한 상황에 처했을 때 회피할 수도 있다는 우려를 심어줄 수 있다. 따라서 직장생활에 있어 중요한 덕목 중 하나인 정직을 바탕으로 솔직하게 답변을 하도록 한다.

(2) 면접의 종류 및 준비 전략

① 인성면접

　㉠ 면접 방식 및 판단기준
- 면접 방식 : 인성면접은 면접관이 가지고 있는 개인적 면접 노하우나 관심사에 의해 질문을 실시한다. 주로 입사지원서나 자기소개서의 내용을 토대로 지원동기, 과거의 경험, 미래 포부 등을 이야기하도록 하는 방식이다.
- 판단기준 : 면접관의 개인적 가치관과 경험, 해당 역량의 수준, 경험의 구체성·진실성 등

　㉡ 특징 : 인성면접은 그 방식으로 인해 역량과 무관한 질문들이 많고 지원자에게 주어지는 면접질문, 시간 등이 다를 수 있다. 또한 입사지원서나 자기소개서의 내용을 토대로 하기 때문에 지원자별 질문이 달라질 수 있다.

ⓒ 예시 문항 및 준비전략

• 예시 문항

> • 3분 동안 자기소개를 해 보십시오.
> • 자신의 장점과 단점을 말해 보십시오.
> • 학점이 좋지 않은데 그 이유가 무엇입니까?
> • 최근에 인상 깊게 읽은 책은 무엇입니까?
> • 회사를 선택할 때 중요시하는 것은 무엇입니까?
> • 일과 개인생활 중 어느 쪽을 중시합니까?
> • 10년 후 자신은 어떤 모습일 것이라고 생각합니까?
> • 휴학 기간 동안에는 무엇을 했습니까?

• 준비전략 : 인성면접은 입사지원서나 자기소개서의 내용을 바탕으로 하는 경우가 많으므로 자신이 작성한 입사지원서와 자기소개서의 내용을 충분히 숙지하도록 한다. 또한 최근 사회적으로 이슈가 되고 있는 뉴스에 대한 견해를 묻거나 시사상식 등에 대한 질문을 받을 수 있으므로 이에 대한 대비도 필요하다. 자칫 부담스러워 보이지 않는 질문으로 가볍게 대답하지 않도록 주의하고 모든 질문에 입사 의지를 담아 성실하게 답변하는 것이 중요하다.

② 발표면접

㉠ 면접 방식 및 판단기준

• 면접 방식 : 지원자가 특정 주제와 관련된 자료를 검토하고 그에 대한 자신의 생각을 면접관 앞에서 주어진 시간 동안 발표하고 추가 질의를 받는 방식으로 진행된다.

• 판단기준 : 지원자의 사고력, 논리력, 문제해결력 등

㉡ 특징 : 발표면접은 지원자에게 과제를 부여한 후, 과제를 수행하는 과정과 결과를 관찰·평가한다. 따라서 과제수행 결과뿐 아니라 수행과정에서의 행동을 모두 평가할 수 있다.

ⓒ 예시 문항 및 준비전략

• 예시 문항

[신입사원 조기 이직 문제]

※ 지원자는 아래에 제시된 자료를 검토한 뒤, 신입사원 조기 이직의 원인을 크게 3가지로 정리하고 이에 대한 구체적인 개선안을 도출하여 발표해 주시기 바랍니다.

※ 본 과제에 정해진 정답은 없으나 논리적 근거를 들어 개선안을 작성해 주십시오.

- A기업은 동종업계 유사기업들과 비교해 볼 때, 비교적 높은 재무안정성을 유지하고 있으며 업무강도가 그리 높지 않은 것으로 외부에 알려져 있음.
- 최근 조사결과, 동종업계 유사기업들과 연봉을 비교해 보았을 때 연봉 수준도 그리 나쁘지 않은 편이라는 것이 확인되었음.
- 그러나 지난 3년간 1~2년차 직원들의 이직률이 계속해서 증가하고 있는 추세이며, 경영진 회의에서 최우선 해결과제 중 하나로 거론되었음.
- 이에 따라 인사팀에서 현재 1~2년차 사원들을 대상으로 개선되어야 하는 A기업의 조직문화에 대한 설문조사를 실시한 결과, '상명하복식의 의사소통'이 36.7%로 1위를 차지했음.
- 이러한 설문조사와 함께, 신입사원 조기 이직에 대한 원인을 분석한 결과 파랑새 증후군, 셀프홀릭 증후군, 피터팬 증후군 등 3가지로 분류할 수 있었음.

〈동종업계 유사기업들과의 연봉 비교〉　　〈우리 회사 조직문화 중 개선되었으면 하는 것〉

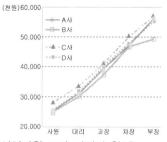

〈신입사원 조기 이직의 원인〉

- 파랑새 증후군
- 현재의 직장보다 더 좋은 직장이 있을 것이라는 막연한 기대감으로 끊임없이 새로운 직장을 탐색함.
- 학력 수준과 맞지 않는 '하향지원', 전공과 적성을 고려하지 않고 일단 취업하고 보자는 '묻지마 지원'이 파랑새 증후군을 초래함.
- 셀프홀릭 증후군
- 본인의 역량에 비해 가치가 낮은 일을 주로 하면서 갈등을 느낌.
- 피터팬 증후군
- 기성세대의 문화를 무조건 수용하기보다는 자유로움과 변화를 추구함.
- 상명하복, 엄격한 규율 등 기성세대가 당연시하는 관행에 거부감을 가지며 직장에 답답함을 느낌.

- 준비전략 : 발표면접의 시작은 과제 안내문과 과제 상황, 과제 자료 등을 정확하게 이해하는 것에서 출발한다. 과제 안내문을 침착하게 읽고 제시된 주제 및 문제와 관련된 상황의 맥락을 파악한 후 과제를 검토한다. 제시된 기사나 그래프 등을 충분히 활용하여 주어진 문제를 해결할 수 있는 해결책이나 대안을 제시하며, 발표를 할 때에는 명확하고 자신 있는 태도로 전달할 수 있도록 한다.

③ 토론면접

㉠ 면접 방식 및 판단기준
- 면접 방식 : 상호갈등적 요소를 가진 과제 또는 공통의 과제를 해결하는 내용의 토론 과제를 제시하고, 그 과정에서 개인 간의 상호작용 행동을 관찰하는 방식으로 면접이 진행된다.
- 판단기준 : 팀워크, 적극성, 갈등 조정, 의사소통능력, 문제해결능력 등

㉡ 특징 : 토론을 통해 도출해 낸 최종안의 타당성도 중요하지만, 결론을 도출해 내는 과정에서의 의사소통능력이나 갈등상황에서 의견을 조정하는 능력 등이 중요하게 평가되는 특징이 있다.

㉢ 예시 문항 및 준비전략
- 예시 문항

> - 군 가산점제 부활에 대한 찬반토론
> - 담뱃값 인상에 대한 찬반토론
> - 비정규직 철폐에 대한 찬반토론
> - 대학의 영어 강의 확대 찬반토론
> - 워크숍 장소 선정을 위한 토론

- 준비전략 : 토론면접은 무엇보다 팀워크와 적극성이 강조된다. 따라서 토론과정에 적극적으로 참여하며 자신의 의사를 분명하게 전달하며, 갈등상황에서 자신의 의견만 내세울 것이 아니라 다른 지원자의 의견을 경청하고 배려하는 모습도 중요하다. 갈등상황을 일목요연하게 정리하여 조정하는 등의 의사소통능력을 발휘하는 것도 좋은 전략이 될 수 있다.

④ 상황면접

㉠ 면접 방식 및 판단기준
- 면접 방식 : 상황면접은 직무 수행 시 접할 수 있는 상황들을 제시하고, 그러한 상황에서 어떻게 행동할 것인지를 이야기하는 방식으로 진행된다.
- 판단기준 : 해당 상황에 적절한 역량의 구현과 구체적 행동지표

ⓒ 특징 : 실제 직무 수행 시 접할 수 있는 상황들을 제시하므로 입사 이후 지원자의 업무
수행능력을 평가하는 데 적절한 면접 방식이다. 또한 지원자의 가치관, 태도, 사고방식
등의 요소를 통합적으로 평가하는 데 용이하다.

ⓒ 예시 문항 및 준비전략
- 예시 문항

> 당신은 생산관리팀의 팀원으로, 생산팀이 기한에 맞춰 효율적으로 제품을 생산할 수 있도
> 록 관리하는 역할을 맡고 있습니다. 3개월 뒤에 제품A를 정상적으로 출시하기 위해 생산
> 팀의 생산 계획을 수립한 상황입니다. 그러나 원가가 곧 실적으로 이어지는 구매팀에서는
> 최대한 원가를 줄여 전반적 단가를 낮추려고 원가절감을 위한 제안을 하였으나, 연구개발
> 팀에서는 구매팀이 제안한 방식으로 제품을 생산할 경우 대부분이 구매팀의 실적으로 산정
> 될 것이므로 제대로 확인도 해보지 않은 채 적합하지 않은 방식이라고 판단하고 있습니다.
> 당신은 어떻게 하겠습니까?

- 준비전략 : 상황면접은 먼저 주어진 상황에서 핵심이 되는 문제가 무엇인지를 파악하는
것에서 시작한다. 주질문과 세부질문을 통하여 질문의 의도를 파악하였다면, 그에 대한
구체적인 행동이나 생각 등에 대해 응답할수록 높은 점수를 얻을 수 있다.

⑤ 역할면접

㉠ 면접 방식 및 판단기준
- 면접 방식 : 역할면접 또는 역할연기 면접은 기업 내 발생 가능한 상황에서 부딪히게 되
는 문제와 역할을 가상적으로 설정하여 특정 역할을 맡은 사람과 상호작용하고 문제를
해결해 나가도록 하는 방식으로 진행된다. 역할연기 면접에서는 면접관이 직접 역할연
기를 하면서 지원자를 관찰하기도 하지만, 역할연기 수행만 전문적으로 하는 사람을 투
입할 수도 있다.
- 판단기준 : 대처능력, 대인관계능력, 의사소통능력 등

㉡ 특징 : 역할면접은 실제 상황과 유사한 가상 상황에서의 행동을 관찰함으로서 지원자의
성격이나 대처 행동 등을 관찰할 수 있다.

㉢ 예시 문항 및 준비전략
- 예시 문항

> [금융권 역할면접의 예]
> 당신은 ○○은행의 신입 텔러이다. 사람이 많은 월말 오전 한 할아버지(면접관 또는 역할담
> 당자)께서 ○○은행을 사칭한 보이스피싱으로 500만 원을 피해 보았다며 소란을 일으키고
> 있다. 실제 업무상황이라고 생각하고 상황에 대처해 보시오.

• 준비전략 : 역할연기 면접에서 측정하는 역량은 주로 갈등의 원인이 되는 문제를 해결하고 제시된 해결방안을 상대방에게 설득하는 것이다. 따라서 갈등해결, 문제해결, 조정·통합, 설득력과 같은 역량이 중요시된다. 또한 갈등을 해결하기 위해서 상대방에 대한 이해도 필수적인 요소이므로 고객 지향을 염두에 두고 상황에 맞게 대처해야 한다. 역할면접에서는 변별력을 높이기 위해 면접관이 압박적인 분위기를 조성하는 경우가 많기 때문에 스트레스 상황에서 불안해하지 않고 유연하게 대처할 수 있도록 시간과 노력을 들여 충분히 연습하는 것이 좋다.

2 면접 이미지 메이킹

(1) 성공적인 이미지 메이킹 포인트

① 복장 및 스타일

　㉠ 남성

- 양복 : 양복은 단색으로 하며 넥타이나 셔츠로 포인트를 주는 것이 효과적이다. 짙은 회색이나 감청색이 가장 단정하고 품위 있는 인상을 준다.
- 셔츠 : 흰색이 가장 선호되나 자신의 피부색에 맞추는 것이 좋다. 푸른색이나 베이지색은 산뜻한 느낌을 줄 수 있다. 양복과의 배색도 고려하도록 한다.
- 넥타이 : 의상에 포인트를 줄 수 있는 아이템이지만 너무 화려한 것은 피한다. 지원자의 피부색은 물론, 정장과 셔츠의 색을 고려하며, 체격에 따라 넥타이 폭을 조절하는 것이 좋다.
- 구두 & 양말 : 구두는 검정색이나 짙은 갈색이 어느 양복에나 무난하게 어울리며 깔끔하게 닦아 준비한다. 양말은 정장과 동일한 색상이나 검정색을 착용한다.
- 헤어스타일 : 머리스타일은 단정한 느낌을 주는 짧은 헤어스타일이 좋으며 앞머리가 있다면 이마나 눈썹을 가리지 않는 선에서 정리하는 것이 좋다.

ⓒ 여성

- 의상 : 단정한 스커트 투피스 정장이나 슬랙스 슈트가 무난하다. 블랙이나 그레이, 네이비, 브라운 등 차분해 보이는 색상을 선택하는 것이 좋다.
- 소품 : 구두, 핸드백 등은 같은 계열로 코디하는 것이 좋으며 구두는 너무 화려한 디자인이나 굽이 높은 것을 피한다. 스타킹은 의상과 구두에 맞춰 단정한 것으로 선택한다.
- 액세서리 : 액세서리는 너무 크거나 화려한 것은 좋지 않으며 과하게 많이 하는 것도 좋은 인상을 주지 못한다. 착용하지 않거나 작고 깔끔한 디자인으로 포인트를 주는 정도가 적당하다.
- 메이크업 : 화장은 자연스럽고 밝은 이미지를 표현하는 것이 좋으며 진한 색조는 인상이 강해 보일 수 있으므로 피한다.
- 헤어스타일 : 커트나 단발처럼 짧은 머리는 활동적이면서도 단정한 이미지를 줄 수 있도록 정리한다. 긴 머리의 경우 하나로 묶거나 단정한 머리망으로 정리하는 것이 좋으며, 짙은 염색이나 화려한 웨이브는 피한다.

② 인사

㉠ 인사의 의미 : 인사는 예의범절의 기본이며 상대방의 마음을 여는 기본적인 행동이라고 할 수 있다. 인사는 처음 만나는 면접관에게 호감을 살 수 있는 가장 쉬운 방법이 될 수 있기도 하지만 제대로 예의를 지키지 않으면 지원자의 인성 전반에 대한 평가로 이어질 수 있으므로 각별히 주의해야 한다.

㉡ 인사의 핵심 포인트

- 인사말 : 인사말을 할 때에는 밝고 친근감 있는 목소리로 하며, 자신의 이름과 수험번호 등을 간략하게 소개한다.
- 시선 : 인사는 상대방의 눈을 보며 하는 것이 중요하며 너무 빤히 쳐다본다는 느낌이 들지 않도록 주의한다.
- 표정 : 인사는 마음에서 우러나오는 존경이나 반가움을 표현하고 예의를 차리는 것이므로 살짝 미소를 지으며 하는 것이 좋다.
- 자세 : 인사를 할 때에는 가볍게 목만 숙인다거나 흐트러진 상태에서 인사를 하지 않도록 주의하며 절도 있고 확실하게 하는 것이 좋다.

③ 시선처리와 표정, 목소리

  ㉠ 시선처리와 표정 : 표정은 면접에서 지원자의 첫인상을 결정하는 중요한 요소이다. 얼굴 표정은 사람의 감정을 가장 잘 표현할 수 있는 의사소통 도구로 표정 하나로 상대방에게 호감을 주거나, 비호감을 사기도 한다. 호감이 가는 인상의 특징은 부드러운 눈썹, 자연스러운 미간, 적당히 볼록한 광대, 올라간 입 꼬리 등으로 가볍게 미소를 지을 때의 표정과 일치한다. 따라서 면접 중에는 밝은 표정으로 미소를 지어 호감을 형성할 수 있도록 한다. 시선은 면접관과 고르게 맞추되 생기 있는 눈빛을 띄도록 하며, 너무 빤히 쳐다본다는 인상을 주지 않도록 한다.

  ㉡ 목소리 : 면접은 주로 면접관과 지원자의 대화로 이루어지므로 목소리가 미치는 영향이 상당하다. 답변을 할 때에는 부드러우면서도 활기차고 생동감 있는 목소리로 하는 것이 면접관에게 호감을 줄 수 있으며 적당한 제스처가 더해진다면 상승효과를 얻을 수 있다. 그러나 적절한 답변을 하였음에도 불구하고 콧소리나 날카로운 목소리, 자신감 없는 작은 목소리는 답변의 신뢰성을 떨어뜨릴 수 있으므로 주의하도록 한다.

④ 자세

  ㉠ 걷는 자세
- 면접장에 입실할 때에는 상체를 곧게 유지하고 발끝은 평행이 되게 하며 무릎을 스치듯 11자로 걷는다.
- 시선은 정면을 향하고 턱은 가볍게 당기며 어깨나 엉덩이가 흔들리지 않도록 주의한다.
- 발바닥 전체가 닿는 느낌으로 안정감 있게 걸으며 발소리가 나지 않도록 주의한다.
- 보폭은 어깨넓이만큼이 적당하지만, 스커트를 착용했을 경우 보폭을 줄인다.
- 걸을 때도 미소를 유지한다.

  ㉡ 서있는 자세
- 몸 전체를 곧게 펴고 가슴을 자연스럽게 내민 후 등과 어깨에 힘을 주지 않는다.
- 정면을 바라본 상태에서 턱을 약간 당기고 아랫배에 힘을 주어 당기며 바르게 선다.
- 양 무릎과 발뒤꿈치는 붙이고 발끝은 11자 또는 V형을 취한다.
- 남성의 경우 팔을 자연스럽게 내리고 양손을 가볍게 쥐어 바지 옆선에 붙이고, 여성의 경우 공수자세를 유지한다.

© 앉은 자세

• 남성

> • 의자 깊숙이 앉고 등받이와 등 사이에 주먹 1개 정도의 간격을 두며 기대듯 앉지 않도록 주의한다. (남녀 공통 사항)
> • 무릎 사이에 주먹 2개 정도의 간격을 유지하고 발끝은 11자를 취한다.
> • 시선은 정면을 바라보며 턱은 가볍게 당기고 미소를 짓는다. (남녀 공통 사항)
> • 양손은 가볍게 주먹을 쥐고 무릎 위에 올려놓는다.
> • 앉고 일어날 때에는 자세가 흐트러지지 않도록 주의한다. (남녀 공통 사항)

• 여성

> • 스커트를 입었을 경우 왼손으로 뒤쪽 스커트 자락을 누르고 오른손으로 앞쪽 자락을 누르며 의자에 앉는다.
> • 무릎은 붙이고 발끝을 가지런히 하며, 다리를 왼쪽으로 비스듬히 기울이면 여성스러워 보이는 효과가 있다.
> • 양손을 모아 무릎 위에 모아 놓으며 스커트를 입었을 경우 스커트 위를 가볍게 누르듯이 올려놓는다.

(2) 면접 예절

① 행동 관련 예절

ⓐ 지각은 절대금물 : 시간을 지키는 것은 예절의 기본이다. 지각을 할 경우 면접에 응시할 수 없거나, 면접 기회가 주어지더라도 불이익을 받을 가능성이 높아진다. 따라서 면접 장소가 결정되면 교통편과 소요시간을 확인하고 가능하다면 사전에 미리 방문해 보는 것도 좋다. 면접 당일에는 서둘러 출발하여 면접 시간 20~30분 전에 도착하여 회사를 둘러보고 환경에 익숙해지는 것도 성공적인 면접을 위한 요령이 될 수 있다.

ⓑ 면접 대기 시간 : 지원자들은 대부분 면접장에서의 행동과 답변 등으로만 평가를 받는다고 생각하지만 그렇지 않다. 면접관이 아닌 면접진행자 역시 대부분 인사실무자이며 면접관이 면접 후 지원자에 대한 평가에 있어 확신을 위해 면접진행자의 의견을 구한다면 면접진행자의 의견이 당락에 영향을 줄 수 있다. 따라서 면접 대기 시간에도 행동과 말을 조심해야 하며, 면접을 마치고 돌아가는 순간까지도 긴장을 늦춰서는 안 된다. 면접 중 압박적인 질문에 답변을 잘 했지만, 면접장을 나와 흐트러진 모습을 보이거나 욕설을 한다면 면접 탈락의 요인이 될 수 있으므로 주의해야 한다.

ⓒ **입실 후 태도** : 본인의 차례가 되어 호명되면 또렷하게 대답하고 들어간다. 만약 면접장 문이 닫혀 있다면 상대에게 소리가 들릴 수 있을 정도로 노크를 두세 번 한 후 대답을 듣고 나서 들어가야 한다. 문을 여닫을 때에는 소리가 나지 않게 조용히 하며 공손한 자세로 인사한 후 성명과 수험번호를 말하고 면접관의 지시에 따라 자리에 앉는다. 이 경우 착석하라는 말이 없는데 먼저 의자에 앉으면 무례한 사람으로 보일 수 있으므로 주의한다. 의자에 앉을 때에는 끝에 앉지 말고 무릎 위에 양손을 가지런히 얹는 것이 예절이라고 할 수 있다.

ⓡ **옷매무새를 자주 고치지 마라.** : 일부 지원자의 경우 옷매무새 또는 헤어스타일을 자주 고치거나 확인하기도 하는데 이러한 모습은 과도하게 긴장한 것 같아 보이거나 면접에 집중하지 못하는 것으로 보일 수 있다. 남성 지원자의 경우 넥타이를 자꾸 고쳐 맨다거나 정장 상의 끝을 너무 자주 만지작거리지 않는다. 여성 지원자는 머리를 계속 쓸어 올리지 않고, 특히 짧은 치마를 입고서 신경이 쓰여 치마를 끌어 내리는 행동은 좋지 않다.

ⓜ **다리를 떨거나 산만한 시선은 면접 탈락의 지름길** : 자신도 모르게 다리를 떨거나 손가락을 만지는 등의 행동을 하는 지원자가 있는데, 이는 면접관의 주의를 끌 뿐만 아니라 불안하고 산만한 사람이라는 느낌을 주게 된다. 따라서 가능한 한 바른 자세로 앉아 있는 것이 좋다. 또한 면접관과 시선을 맞추지 못하고 여기저기 둘러보는 듯한 산만한 시선은 지원자가 거짓말을 하고 있다고 여겨지거나 신뢰할 수 없는 사람이라고 생각될 수 있다.

② 답변 관련 예절

ⓐ **면접관이나 다른 지원자와 가치 논쟁을 하지 않는다.** : 질문을 받고 답변하는 과정에서 면접관 또는 다른 지원자의 의견과 다른 의견이 있을 수 있다. 특히 평소 지원자가 관심이 많은 문제이거나 잘 알고 있는 문제인 경우 자신과 다른 의견에 대해 이의가 있을 수 있다. 하지만 주의할 것은 면접에서 면접관이나 다른 지원자와 가치 논쟁을 할 필요는 없다는 것이며 오히려 불이익을 당할 수도 있다. 정답이 정해져 있지 않은 경우에는 가치관이나 성장배경에 따라 문제를 받아들이는 태도에서 답변까지 충분히 차이가 있을 수 있으므로 굳이 면접관이나 다른 지원자의 가치관을 지적하고 고치려 드는 것은 좋지 않다.

ⓛ 답변은 항상 정직해야 한다. : 면접이라는 것이 아무리 지원자의 장점을 부각시키고 단점을 축소시키는 것이라고 해도 절대로 거짓말을 해서는 안 된다. 거짓말을 하게 되면 지원자는 불안하거나 꺼림칙한 마음이 들게 되어 면접에 집중을 하지 못하게 되고 수많은 지원자를 상대하는 면접관은 그것을 놓치지 않는다. 거짓말은 그 지원자에 대한 신뢰성을 떨어뜨리며 이로 인해 다른 스펙이 아무리 훌륭하다고 해도 채용에서 탈락하게 될 수 있음을 명심하도록 한다.

ⓒ 경력직을 경우 전 직장에 대해 험담하지 않는다. : 지원자가 전 직장에서 무슨 업무를 담당했고 어떤 성과를 올렸는지는 면접관이 관심을 둘 사항일 수 있지만, 이전 직장의 기업문화나 상사들이 어땠는지는 그다지 궁금해 하는 사항이 아니다. 전 직장에 대해 험담을 늘어놓는다든가, 동료와 상사에 대한 악담을 하게 된다면 오히려 지원자에 대한 부정적인 이미지만 심어줄 수 있다. 만약 전 직장에 대한 말을 해야 할 경우가 생긴다면 가능한 한 객관적으로 이야기하는 것이 좋다.

ⓔ 자기 자신이나 배경에 대해 자랑하지 않는다. : 자신의 성취나 부모 형제 등 집안사람들이 사회·경제적으로 어떠한 위치에 있는지에 대한 자랑은 면접관으로 하여금 지원자에 대해 오만한 사람이거나 배경에 의존하려는 나약한 사람이라는 이미지를 갖게 할 수 있다. 따라서 자기 자신이나 배경에 대해 자랑하지 않도록 하고, 자신이 한 일에 대해서 너무 자세하게 얘기하지 않도록 주의해야 한다.

3 면접 질문 및 답변 포인트

(1) 가족 및 대인관계에 관한 질문

① 당신의 가정은 어떤 가정입니까?

면접관들은 지원자의 가정환경과 성장과정을 통해 지원자의 성향을 알고 싶어 이와 같은 질문을 한다. 비록 가정 일과 사회의 일이 완전히 일치하는 것은 아니지만 '가화만사성'이라는 말이 있듯이 가정이 화목해야 사회에서도 화목하게 지낼 수 있기 때문이다. 그러므로 답변 시에는 가족사항을 정확하게 설명하고 집안의 분위기와 특징에 대해 이야기하는 것이 좋다.

② 아버지의 직업은 무엇입니까?

아주 기본적인 질문이지만 지원자는 아버지의 직업과 내가 무슨 관련성이 있을까 생각하기 쉬워 포괄적인 답변을 하는 경우가 많다. 그러나 이는 바람직하지 않은 것으로 단답형으로 답변하면 세부적인 직종 및 근무연한 등을 물을 수 있으므로 모든 걸 한 번에 대답하는 것이 좋다.

③ 친구 관계에 대해 말해 보십시오.

지원자의 인간성을 판단하는 질문으로 교우관계를 통해 답변자의 성격과 대인관계능력을 파악할 수 있다. 새로운 환경에 적응을 잘하여 새로운 친구들이 많은 것도 좋지만, 깊고 오래 지속되어온 인간관계를 말하는 것이 더욱 바람직하다.

(2) 성격 및 가치관에 관한 질문

① 당신의 PR포인트를 말해 주십시오.

PR포인트를 말할 때에는 지나치게 겸손한 태도는 좋지 않으며 적극적으로 자기를 주장하는 것이 좋다. 앞으로 입사 후 하게 될 업무와 관련된 자기의 특성을 구체적인 일화를 더하여 이야기하도록 한다.

② 당신의 장·단점을 말해 보십시오.

지원자의 구체적인 장·단점을 알고자 하기 보다는 지원자가 자기 자신에 대해 얼마나 알고 있으며 어느 정도의 객관적인 분석을 하고 있나, 그리고 개선의 노력 등을 시도하는지를 파악하고자 하는 것이다. 따라서 장점을 말할 때는 업무와 관련된 장점을 뒷받침할 수 있는 근거와 함께 제시하며, 단점을 이야기할 때에는 극복을 위한 노력을 반드시 포함해야 한다.

③ 가장 존경하는 사람은 누구입니까?

존경하는 사람을 말하기 위해서는 우선 그 인물에 대해 알아야 한다. 잘 모르는 인물에 대해 존경한다고 말하는 것은 면접관에게 바로 지적당할 수 있으므로, 추상적이라도 좋으니 평소에 존경스럽다고 생각했던 사람에 대해 그 사람의 어떤 점이 좋고 존경스러운지 대답하도록 한다. 또한 자신에게 어떤 영향을 미쳤는지도 언급하면 좋다.

(3) 학교생활에 관한 질문

① 지금까지의 학교생활 중 가장 기억에 남는 일은 무엇입니까?

가급적 직장생활에 도움이 되는 경험을 이야기하는 것이 좋다. 또한 경험만을 간단하게 말하지 말고 그 경험을 통해서 얻을 수 있었던 교훈 등을 예시와 함께 이야기하는 것이 좋으나 너무 상투적인 답변이 되지 않도록 주의해야 한다.

② 성적은 좋은 편이었습니까?

면접관은 이미 서류심사를 통해 지원자의 성적을 알고 있다. 그럼에도 불구하고 이 질문을 하는 것은 지원자가 성적에 대해서 어떻게 인식하느냐를 알고자 하는 것이다. 성적이 나빴던 이유에 대해서 변명하려 하지 말고 담백하게 받아드리고 그것에 대한 개선노력을 했음을 밝히는 것이 적절하다.

③ 학창시절에 시위나 집회 등에 참여한 경험이 있습니까?

기업에서는 노사분규를 기업의 사활이 걸린 중대한 문제로 인식하고 거시적인 차원에서 접근한다. 이러한 기업문화를 제대로 인식하지 못하여 학창시절의 시위나 집회 참여 경험을 자랑스럽게 답변할 경우 감점요인이 되거나 심지어는 탈락할 수 있다는 사실에 주의한다. 시위나 집회에 참가한 경험을 말할 때에는 타당성과 정도에 유의하여 답변해야 한다.

(4) 지원동기 및 직업의식에 관한 질문

① 왜 우리 회사를 지원했습니까?

이 질문은 어느 회사나 가장 먼저 물어보고 싶은 것으로 지원자들은 기업의 이념, 대표의 경영능력, 재무구조, 복리후생 등 외적인 부분을 설명하는 경우가 많다. 이러한 답변도 적절하지만 지원 회사의 주력 상품에 관한 소비자의 인지도, 경쟁사 제품과의 시장점유율을 비교하면서 입사동기를 설명한다면 상당히 주목 받을 수 있을 것이다.

② 만약 이번 채용에 불합격하면 어떻게 하겠습니까?

불합격할 것을 가정하고 회사에 응시하는 지원자는 거의 없을 것이다. 이는 지원자를 궁지로 몰아넣고 어떻게 대응하는지를 살펴보며 입사 의지를 알아보려고 하는 것이다. 이 질문은 너무 깊이 들어가지 말고 침착하게 답변하는 것이 좋다.

③ 당신이 생각하는 바람직한 사원상은 무엇입니까?

직장인으로서 또는 조직의 일원으로서의 자세를 묻는 질문으로 지원하는 회사에서 어떤 인재상을 요구하는 가를 알아두는 것이 좋으며, 평소에 자신의 생각을 미리 정리해 두어 당황하지 않도록 한다.

④ 직무상의 적성과 보수의 많음 중 어느 것을 택하겠습니까?

이런 질문에서 회사 측에서 원하는 답변은 당연히 직무상의 적성에 비중을 둔다는 것이다. 그러나 적성만을 너무 강조하다 보면 오히려 솔직하지 못하다는 인상을 줄 수 있으므로 어느 한 쪽을 너무 강조하거나 경시하는 태도는 바람직하지 못하다.

⑤ 상사와 의견이 다를 때 어떻게 하겠습니까?

과거와 다르게 최근에는 상사의 명령에 무조건 따르겠다는 수동적인 자세는 바람직하지 않다. 회사에서는 때에 따라 자신이 판단하고 행동할 수 있는 직원을 원하기 때문이다. 그러나 지나치게 자신의 의견만을 고집한다면 이는 팀원 간의 불화를 야기할 수 있으며 팀 체제에 악영향을 미칠 수 있으므로 선호하지 않는다는 것에 유념하여 답해야 한다.

⑥ 근무지가 지방인데 근무가 가능합니까?

근무지가 지방 중에서도 특정 지역은 되고 다른 지역은 안 된다는 답변은 바람직하지 않다. 직장에서는 순환 근무라는 것이 있으므로 처음에 지방에서 근무를 시작했다고 해서 계속 지방에만 있는 것은 아님을 유의하고 답변하도록 한다.

(5) 여가 활용에 관한 질문

① 취미가 무엇입니까?

기초적인 질문이지만 특별한 취미가 없는 지원자의 경우 대답이 애매할 수밖에 없다. 그래서 가장 많이 대답하게 되는 것이 독서, 영화감상, 혹은 음악감상 등과 같은 흔한 취미를 말하게 되는데 이런 취미는 면접관의 주의를 끌기 어려우며 설사 정말 위와 같은 취미를 가지고 있다하더라도 제대로 답변하기는 힘든 것이 사실이다. 가능하면 독특한 취미를 말하는 것이 좋으며 이제 막 시작한 것이라도 열의를 가지고 있음을 설명할 수 있으면 그것을 취미로 답변하는 것도 좋다.

② 술자리를 좋아합니까?

이 질문은 정말로 술자리를 좋아하는 정도를 묻는 것이 아니다. 우리나라에서는 대부분 술자리가 친교의 자리로 인식되기 때문에 그것에 얼마나 적극적으로 참여할 수 있는 가를 우회적으로 묻는 것이다. 술자리를 싫어한다고 대답하게 되면 원만한 대인관계에 문제가 있을 수 있다고 평가될 수 있으므로 술을 잘 마시지 못하더라도 술자리의 분위기는 즐긴다고 답변하는 것이 좋으며 주량에 대해서는 정확하게 말하는 것이 좋다.

(6) 여성 지원자들을 겨냥한 질문

① 결혼은 언제 할 생각입니까?

지원자가 결혼예정자일 경우 기업은 채용을 꺼리게 되는 경향이 있다. 업무를 어느 정도 인식하고 수행할 정도가 되면 퇴사하는 일이 흔하기 때문이다. 가능하면 향후 몇 년간은 결혼 계획이 없다고 답변하는 것이 현실적인 대처 요령이며, 덧붙여 결혼 후에도 일하고자 하는 의지를 강하게 내보인다면 더욱 도움이 된다.

② 만약 결혼 후 남편이나 시댁에서 직장생활을 그만두라고 강요한다면 어떻게 하겠습니까?

결혼적령기의 여성 지원자들에게 빈번하게 묻는 질문으로 의견 대립이 생겼을 때 상대방을 설득하고 타협하는 능력을 알아보고자 하는 것이다. 따라서 남편이나 시댁과 충분한 대화를 통해 설득하고 계속 근무하겠다는 의지를 밝히는 것이 좋다.

③ 여성의 취업을 어떻게 생각합니까?

여성 지원자들의 일에 대한 열의와 포부를 알고자 하는 질문이다. 많은 기업들이 여성들의 섬세하고 꼼꼼한 업무능력과 감각을 높이 평가하고 있으며, 사회 전반적인 분위기 역시 맞벌이를 이해하고 있으므로 자신의 의지를 당당하고 자신감 있게 밝히는 것이 좋다.

④ 커피나 복사 같은 잔심부름이 주어진다면 어떻게 하겠습니까?

여성 지원자들에게 가장 난감하고 자존심상하는 질문일 수 있다. 이 질문은 여성 지원자에게 잔심부름을 시키겠다는 요구가 아니라 직장생활 중에서의 협동심이나 봉사정신, 직업관을 알아보고자 하는 것이다. 또한 이 과정에서 압박기법을 사용해 비꼬는 투로 말하는 수 있는데 이는 자존심이 상하거나 불쾌해질 때의 행동을 알아보려는 것이다. 이럴 경우 흥분하여 과격하게 답변하면 탈락하게 되며, 무조건 열심히 하겠다는 대답도 신뢰성이 없는 답변이다. 직장생활을 위해 필요한 일이면 할 수 있다는 정도의 긍정적인 답변을 하되, 한 사람의 사원으로서 당당함을 유지하는 것이 좋다.

(7) 지원자를 당황하게 하는 질문

① 성적이 좋지 않은데 이 정도의 성적으로 우리 회사에 입사할 수 있다고 생각합니까?

비록 자신의 성적이 좋지 않더라도 이미 서류심사에 통과하여 면접에 참여하였다면 기업에서는 지원자의 성적보다 성적 이외의 요소, 즉 성격·열정 등을 높이 평가했다는 것이라고 할 수 있다. 그러나 이런 질문을 받게 되면 지원자는 당황할 수 있으나 주눅 들지 말고 침착하게 대처하는 면모를 보인다면 더 좋은 인상을 남길 수 있다.

② 우리 회사 회장님 함자를 알고 있습니까?

회장이나 사장의 이름을 조사하는 것은 면접일을 통고받았을 때 이미 사전 조사되었어야 하는 사항이다. 단답형으로 이름만 말하기보다는 그 기업에 입사를 희망하는 지원자의 입장에서 답변하는 것이 좋다.

③ 당신은 이 회사에 적합하지 않은 것 같군요.

이 질문은 지원자의 입장에서 상당히 곤혹스러울 수밖에 없다. 질문을 듣는 순간 그렇다면 면접은 왜 참가시킨 것인가 하는 생각이 들 수도 있다. 하지만 당황하거나 흥분하지 말고 침착하게 자신의 어떤 면이 회사에 적당하지 않는지 겸손하게 물어보고 지적당한 부분에 대해서 고치겠다는 의지를 보인다면 오히려 자신의 능력을 어필할 수 있는 기회로 사용할 수도 있다.

④ 다시 공부할 계획이 있습니까?

이 질문은 지원자가 합격하여 직장을 다니다가 공부를 더 하기 위해 회사를 그만 두거나 학습에 더 관심을 두어 일에 대한 능률이 저하될 것을 우려하여 묻는 것이다. 이때에는 당연히 학습보다는 일을 강조해야 하며, 업무 수행에 필요한 학습이라면 업무에 지장이 없는 범위에서 야간학교를 다니거나 회사에서 제공하는 연수 프로그램 등을 활용하겠다고 답변하는 것이 적당하다.

⑤ 지원한 분야가 전공한 분야와 다른데 여기 일을 할 수 있겠습니까?

수험생의 입장에서 본다면 지원한 분야와 전공이 다르지만 서류전형과 필기전형에 합격하여 면접을 보게 된 경우라고 할 수 있다. 이는 결국 해당 회사의 채용 방침상 전공에 크게 영향을 받지 않는다는 것이므로 무엇보다 자신이 전공하지는 않았지만 어떤 업무도 적극적으로 임할 수 있다는 자신감과 능동적인 자세를 보여주도록 노력하는 것이 좋다.

02 면접기출

1 PT 면접(실무자 면접)

① 사내에서 신입추천을 하여 추천인이 되면 시상금과 신입의 실적 중 일부를 인센티브 형식으로 받는다. 이때 한 달에 약 보름정도 밖에 출근하지 않는 A가 일 년동안 공을 들여 영업에 두려움을 가지고 있던 B를 추천하였다. 그런데 같은 날 오후 지점 실적의 1/3를 책임지는 팀장 C가 상담 중 괜찮은 사람이 있다며 신입을 추천했는데 알고 보니 B였다. B는 실적이 좋은 팀장 C가 아니라면 함께 일하지 않겠다고 주장하고 있다. 추천인으로는 반드시 1명만 선택해야 한다. 당신이 담당자라면 당신은 누구를 선택할 것이고 그 이유는 무엇인가?

② 신규고객 유치방안에 대해 발표하시오.

③ 금융투자업과 고객 자산관리의 시너지 효과 방안을 제시하시오.

④ 해외 기업 고객 유치를 위한 마케팅 전략을 제시하시오.

⑤ 실버세대를 위한 맞춤형 상품을 제시하시오.

⑥ 화석연료의 고갈에 의해 발생하는 장단점, 변화, 대체에너지 그리고 이에 대한 물류계와 기업의 역할에 대해 발표하시오.

⑦ 1인 가구 맞춤형 보험 상품을 설계해 보시오.

⑧ IFRS4 2단계 도입과 대응에 대해 제시하시오.

⑨ 구글사에 대한 지리정보반출에 대한 자신의 입장을 발표하시오.

2 집단 심층 면접(임원 면접)

(1) 토론면접

① 초·중·고 학생들이 심화문제를 풀 때 계산기를 사용하는 것에 대한 찬반 논의를 하시오.

② 초·중·고등학교의 모든 수업을 영어로 하는 것에 대한 찬반 논의를 하시오.

③ 대출규제 정책에 대한 찬반 논의를 하시오.

④ 해외원정출산에 대한 찬반 논의를 하시오.

⑤ 복지예산감축에 대한 찬반 논의를 하시오.

⑥ 부실대학폐지에 대한 찬반 논의를 하시오.

(2) 인성면접

① 경영지원 중 총무 직무를 수행하기 위해 무엇을 준비했는가?

② 본사인 서울이 아닌 구미로 지원한 이유는 무엇인가?

③ 기타 특별한 활동을 한 경험이 있는가?

④ 지원동기와 입사 후 포부를 넣어 1분 안에 말해보시오.

⑤ 작년에 자신이 채용한 사람이 7개월 만에 나갔다. 본인은 1년도 안돼서 나간다면 어떻게 할 것인가?

⑥ 입사하면 열심히 할 자신이 있는가?

⑦ 상경계열인데 농업에 관해 어느 정도 알고 있는가?

⑧ 금융자격증이 많고 아버지가 자산관리사로 계신다는데 혹시 아버지 영향을 받은 것인가?

⑨ 목표를 이루기 위해서 노력해 본 경험이 있는가?

⑩ 단체로 있을 때 분위기를 압도하는 방법이 있는가?

⑪ 스트레스를 해소하는 자신만의 방법이 있다면 무엇인가?

⑫ 팀플에서 어떤유형의 팀장이 가장 싫었고, 그럴 때 어떻게 대처하였는가?

⑬ 전공과 다른 직무에 지우너한 이유는 무엇인가?

⑭ 정도전과 이방원 중 누구의 실리를 따르겠는가?

⑮ 보고서의 완성도와 마감일 중 무엇을 선택하겠는가?

⑯ 부모님에 대하여 설명해보시오.

⑰ 멘토가 있다면 누구인가?

MEMO

MEMO

여러분을 응원합니다

공무원 대비서   취업 대비서   군 관련 시리즈   자격증 시리즈   동영상 강의

서원각 동영상강의와
도전하라!

자 격 증	군 관 련 (부사관/장교)	공 무 원
건강운동관리사	육군부사관	소방공무원 소방학개론
사회복지사 1급	공군장교	소방공무원 생활영어
사회조사분석사 2급	공군 한국사	9급 기출해설(국어/영어/한국사)
임상심리사 2급	육군·해군 근현대사	9급 파워특강(행정학개론/교육학개론)
관광통역안내사		기술직 공무원(물리·화학·생물)
청소년상담사 3급		

BIG EVENT

시험 보느라 고생한 수험생 여러분들께 서원각이 쏜다! 쏜다!
네이버 카페 기업과 공사공단에 시험 후기를 남겨주신 모든 분들께 비타 500 기프티콘을 드립니다!

선물 받는 방법

① 네이버 카페 검색창에서 [기업과 공사공단]을 검색해주세요.

② 기업과 공사공단 필기시험 후기 게시판에 들어가 주세요.

③ 기업체 또는 공사·공단 필기시험에 대한 후기 글을 적어주세요.

자격증 BEST SELLER

매경TEST 출제예상문제

TESAT 종합본

청소년상담사 3급

임상심리사 2급 필기

유통관리사 2급 단기완성

직업상담사 1급 필기·실기

사회조사분석사 사회통계 2급

초보자 30일 완성 기업회계 3급

관광통역안내사 실전모의고사

국내여행안내사 기출문제

손해사정사 1차 시험

건축기사 기출문제 정복하기

건강운동관리사

2급 스포츠지도사

택시운전 자격시험 실전문제

농산물품질관리사